북학의

시대와 민생을 걱정한 선비의 꿈

청소년 철학창고 41

북학의 시대와 민생을 걱정한 선비의 꿈

초판 1쇄 인쇄 2021년 1월 15일 | 초판 1쇄 발행 2021년 1월 22일

풀어쓴이 마현준
펴낸이 홍석 | 기획 채희석 | 이사 홍성우
책임편집 김재실 | 표지 디자인 황종환 | 본문 디자인 서은경
마케팅 이가은 · 이송희 · 한유리 | 관리 김정선 · 정원경 · 최우리
펴낸곳 도서출판 풀빛 | 등록 1979년 3월 6일 제8-24호
주소 03762 서울시 서대문구 북아현로 11가길 12 3층
전화 02-363-5995(영업), 02-362-8900(편집) | 팩스 070-4275-0445
홈페이지 www.pulbit.co.kr | 전자우편 inmun@pulbit.co.kr

ISBN 979-11-6172-787-5 44150
ISBN 978-89-7474-526-4 (세트)

이 도서의 국립중앙도서관 출판예정도서목록(CIP)은 서지정보유통지원시스템 홈페이지(http://seoji.nl.go.kr)와
국가자료공동목록시스템(http://www.nl.go.kr/kolisnet)에서 이용하실 수 있습니다. (CIP제어번호: CIP2020053804)

북학의

시대와 민생을 걱정한 선비의 꿈

박제가 지음 | 마현준 풀어씀

'청소년 철학창고'를 펴내며

　우리 청소년이 읽을 만한 좋은 책은 없을까? 많은 분들이 이런 고민을 하셨을 겁니다. 그러면서 흔히들 고전을 읽어야 한다고 합니다. 하지만 서점에 가서 책을 골라 보신 분들은 느꼈을 겁니다. '청소년의 지적 수준에 맞춰서 읽힐 만한 고전이 이렇게도 없는가.'라고.

　고전 선택의 또 다른 어려움은 고전의 범위가 매우 넓다는 것입니다. 청소년 시기에는 시간과 능력의 한계 때문에 그 많은 고전들을 모두 읽을 수 없습니다. 그렇다면 어떤 책을 읽어야 할까요?

　이런 여러 현실적인 어려움을 고려해 기획한 것이 풀빛 '청소년 철학창고'입니다. '청소년 철학창고'는 고전의 핵심이라 할 수 있는 '철학'에 더 많은 무게를 실었습니다. 그 이유는 무엇일까요?

　사람들은 일반적으로 철학을 현실과 동떨어진 공리공담이나 펼치는 학문이라고 생각합니다. 하지만 철학적 사고의 핵심은 사물과 현상을 다양하게 분석하고 종합해서 그 원칙이나 원리를 찾아내는 것입니다. 그래서 철학은 인간과 세상에 대해 깊이 있게 생각하고, 논리적으로 종합하는 능력을 키워 줍니다. 그런 만큼 세상과 인간에 대해 눈떠 가는 청소년 시기에 정말로 필요한 공부입니다.

하지만 모든 고전이 그렇듯이 철학 고전 또한 읽기가 쉽지 않습니다. 그래서 '청소년 철학창고'는 청소년의 눈높이에 맞추기 위해 선정에서부터 원문 구성에 이르기까지 많은 노력을 기울였습니다.

첫째, 책을 선정하는 과정에서부터 엄격함을 유지했습니다. 동양·서양·한국 철학 전공자들이 많은 회의 과정을 거쳐, 각 시대마다 동서양과 한국을 대표하는 철학 고전들을 엄선했습니다. 특히 우리 선조들의 사상과 동시대 동서양의 사상들을 주체적인 입장에서 비교하고 검토할 수 있도록 했습니다.

둘째, 고전 읽기의 참다운 맛을 살리기 위해 최대한 원문을 중심으로 구성했습니다. 물론 원문 읽기의 어려움을 해결하기 위해 새롭게 번역하고 재정리했습니다. 그리고 청소년이라면 누구나 어렵지 않게 읽으면서 고전이 주는 의미와 내용을 이해할 수 있도록 설명을 덧붙였고, 전체 해설을 통해 저자의 사상과 전체 내용을 다시 한 번 정리해 주었습니다.

마지막으로 쉬운 것부터 읽기 시작해 점차 사고의 폭을 넓혀 가도록 난이도에 따라 세 단계로 구분했습니다. 물론 단계와 상관없이 읽고 싶은 순서대로 읽어도 됩니다.

우리 선정위원들은 고전 읽기의 진정한 의미가 '옛것을 되살려 오늘을 새롭게 한다(溫故知新).'는 데 있다고 생각합니다. '청소년 철학창고'를 통해 자라나는 청소년들이 인간과 사물에 대한 깊은 통찰력을 키워, 밝은 미래를 열어 나갈 수 있기를 진정으로 바랍니다.

2005년 2월

선정위원 허우성(경희대 교수, 동양 철학) 윤찬원(인천대 교수, 동양 철학)
정영근(서울산업대 교수, 한국 철학) 허남진(서울대 교수, 한국 철학)
이남인(서울대 교수, 서양 철학) 한자경(이화여대 교수, 서양 철학)

들어가는 말

    국제 교류가 활발한 오늘날에는 자신의 의지만 있으면 쉽게 외국에 나갈 수 있지만 1980년대까지만 해도 외국에 나가는 일이 쉬운 게 아니었다. 간혹 외국으로 유학을 간다고 해도 미국이나 일본, 그리고 서유럽으로 가는 정도였다. 그렇다면 조선 시대에는 주로 어느 나라와 교류가 활발했을까? 두말할 필요 없이 중국과 일본이었다. 특히 중국은 조선의 전반기에 명나라, 후반기에는 청나라로 왕조가 바뀌었을 뿐 역사적·지리적으로 우리와 밀접했기 때문에 가장 교류가 활발했고 중요한 교역 대상국이기도 했다.

    그럼에도 불구하고 청나라에 가는 일이 결코 쉬운 일은 아니었다. 청과 무역을 하는 상인일 경우에는 국경 근처에서 왕래가 가능하겠지만 오늘날처럼 개인 자격으로 자유롭게 해외 여행하듯 가는 일은 불가능했다. 기껏해야 사신 행차를 따라가는 경우가 고작이었는데 횟수나 인원이 제한되어서 이 또한 쉬운 일은 아니었다. 더구나 왜란과 호란을 겪은 뒤에는 당시 조선의 지배 계층 상당수가 왜란 때 원군을 보내 준 명나라의 은혜를 갚고 조선을 침략해 삼전도의 굴욕을 안긴 청나라를 원수로 여기는 분위기가 널리 퍼져 있었다. 호란으로 수많은 백성이 인질로 잡혀 가는 등 조선의 고초가 심했고 그래서 '북벌론'이 명분으로나마 대세를 이루었다. 그러나 실제로 청나라에 가서 발전된 문물을 보고 온 사람들은 자신의 조국이 얼마나 낙후된 상태인지 통감하고 있었다. 그래서 나라를 부강하게 만들기 위해서라면 비록 오랑캐일지라도 배워야 한다는 풍조가 일기 시작했다. 이러한 일련의 주장을 북학론, 그 무리를 북학파라고 하는데, 그 중심에는 이 책의 저자 박제가(朴齊家)가 있었다.

박제가는 청나라를 무려 네 차례나 다녀왔다. 당시에는 청나라의 수도가 연경(燕京, 지금의 북경)이어서 중국에 가는 것을 '연행(燕行)'이라 했다. 1차 연행이 1778년, 2차와 3차 연행이 1790년, 4차 연행이 1801년이니 그야말로 '청나라 통'이라 할 만하다. 특히 1778년 처음 연행을 다녀와서 보고 들은 내용을 상세하게 기술한 것이 바로 이 책 〈북학의(北學議)〉다. '북학파'라는 명칭도 여기서 나온 것이다. 그 뒤에 두 차례 더 다녀와서 수정·보완하고 간추려서 정조에게 올린 것이 바로 〈진소본북학의(進疏本北學議)〉다. 책의 제목을 '북학의'로 정한 유래는 그가 서문에서 밝혔듯이 전국 시대 맹자(孟子)가 진량(陳良)이라는 인물을 평한 내용에서 비롯되었다고 한다.

《맹자》〈등문공〉 상편에 "진량이라는 초나라 사람이 주공과 공자의 가르침을 좋아해서 북쪽 중국으로 가서 배웠는데, 북방의 학자들 가운데 누구도 그를 앞선 사람이 없었으니 그 사람을 호걸스러운 선비라고 할 것이다."라는 구절이 나온다. 초나라는 당시 중국 남쪽에 위치한 낙후한 나라였는데, 그 나라의 학자인 진량이 북쪽 중국에 가서 선진 문물을 배워 북쪽 학자들보다 훌륭한 인물이 되었다고 높이 평가했다. 박제가도 스스로를 진량에 빗대어 '북학의'라고 책 제목을 정한 것이다. 어쨌든 《북학의》는 오랑캐라고 업신여기던 중국의 모습을 실제로 보고 조선과 비교해 가면서 조선의 개선점들을 정리한 개혁론이라고 할 수 있다. 그래서 자기가 직접 보고 듣고 익힌 문물이나 사회 제도 전반에 걸쳐 다양한 것들을 다루었다. 그런데 이러한 주장은 당시에는 혁신적이고 충격적이었다. 특히 '북벌'을 외치던 당시의 권력층에게는 더욱 그러했다.

'북벌'이나 '북학'이 다 같이 나라를 위한다고 명분을 내세웠지만 방법은 서로 반대였다. 박제가처럼 청나라 문물을 받아들이고 배우자는 입장에서는 '북벌'은 실천은 없고 구호로만 그친 허상에 불과한 것으로 보였으며, 가난한 백성들의 삶을 윤택하게 하는 것이야말로 당시의 가장 중요한 과제로 여겼다. 그래서 현실에 도움을 주지 못하는 학문을 한다면 양반일지라도 도태시켜야 한다는 극언도 마다하지 않았다. 또한 학문을 오직 개인의 출세와 부를 축적하기 위한 수단으로 여기는 풍토를 전면으로 비판했다.

《서경(書經)》에 '정덕이용후생(正德利用厚生)'이라는 말이 있다. '정덕'이란 유교에서 추구하는 윤리적 가치인 올바르고 관용적인 행동을 말하며 '이용'과 '후생'은 백성의 풍요로운 생활을 뜻한다. 당시 전통적 학설은 정덕이 제대로 서야 이용후생이 가능하다는 것이었다. 이에 반해 박제가를 비롯한 북학파는 이용후생, 곧 경제가 넉넉해야 올바른 윤리도 있게 된다는 논리를 펼쳤다. 다시 말하면 정덕을 실현하기 위한 기본 전제로서 이용후생을 강조한 것이다. 다만 박제가는 이용후생의 필요성을 강조했지만 정덕의 훼손도 염려했던 균형 잡힌 개혁가였다는 점에서 주목할 만하다. 우리는 《북학의》를 통해 그가 진정으로 고민한 것이 무엇이며 이루고자 한 꿈이 무엇이었는지 알 수 있다. 그것은 다름 아닌 자주적이고 부강한 조국과 풍요롭고 정의롭게 사는 민초들을 보는 것이었다. 비록 명분과 허울을 중시하던 일그러진 지배층에 의해 좌절되었지만 고뇌와 열정으로 가득 차서 백성들을 걱정했던 '참된 선비'의 면모를 그를 통해 발견할 수 있을 것이다.

2021년 1월
마현준

《북학의》를 이해하는 길라잡이

1. 주요 인물

서명응(徐命膺, 1716~1787)

조선 영조와 정조 때의 문신이며 본관은 달성이다. 자는 군수(君受)이고 호는 정조가 하사한 보만재(保晩齋)이며, 시호(諡號)는 문정(文靖)이다. 1754년(영조 30년) 증광문과에 급제했으며 서장관으로 청나라에 다녀왔다. 정통적인 성리학설에 조예가 깊었으며 천문·일기 등의 자연 과학 분야와 진법(陣法)과 농업 등의 다방면에 걸쳐 이용후생(利用厚生)의 태도로 깊이 있는 연구를 하여 북학파의 비조로 일컬어진다. 그의 학문 정신은 아들 서호수(徐浩修), 손자 서유구(徐有榘)에로 이어져 가학(家學)의 전형으로 꼽힌다.

정전제[井田制, 1리를 우물 '정(井)' 자로 나누어 9등분하고 중앙을 공전(公田)으로 하고 주위를 사전(私田)으로 하던 고대 중국의 토지 제도]를 주장했으며, 박제가의 《북학의》에 서문을 쓰면서 조선의 농법이 잘못되었음을 지적하고 자연 과학을 발전시키자고 말했다. 글씨에도 능했으며,

영조 때 왕의 명령으로 악보를 수집하여 체계를 세우기도 했다. 저서
로는 《보만재집》·《보만재총서》·《보만재잉간(保晚齋剩簡)》 등이 있다.

채제공(蔡濟恭, 1720~1799)

　조선 후기의 정치인으로 본관은 평강이며 자는 백규(伯規)이다. 호
는 번암(樊巖) 또는 번옹(樊翁)이며, 시호는 문숙(文肅)이다. 영조 후반
과 정조 시대 남인 세력의 지도자로 사도세자의 측근이자 스승이었
으며 후에 정조로 즉위하는 세손을 후원했다.

　정조 즉위 후 중용되어 요직을 역임했고 사도세자의 복권을 주장
했으며, 가톨릭교에 대하여 온건 정책을 폈다. 특히 1778년(정조 2년)
에는 청나라에 파견되는 사은사겸진주정사(謝恩使兼陳奏正使)로 연경
에 다녀왔는데, 이때 박제가·이덕무(李德懋)·유득공(柳得恭) 등이 동행
했다. 정약용(丁若鏞)·이가환(李家煥) 등의 정치적 후견자이기도 했다.

홍대용(洪大容, 1731~1791)

　조선 후기의 학자이며 본관은 남양이다. 자는 덕보(德保)이며 호는
홍지(弘之)이다. 담헌(湛軒)이라는 당호로 널리 알려져 있다. 지전설(地
轉說, 지구 자전설)과 우주 무한론(宇宙無限論)을 주장했는데, 이러한 자
연관을 근거로 화이(華夷)의 구분을 부정하여 민족의 주체성을 강조
하고, 인간도 대자연의 일부로서 다른 생물과 마찬가지라는 주장을

펼치기도 했다.

1766년(영조 42년)에 연행에서 견문한 내용을 기록한 사행록인《담헌연기(湛軒燕記)》에서 일찍이 중국의 관제·과거제·풍속·음악·서화·상거래 등과 서양의 문물에 대한 내용을 다루었다. 대표작인《의산문답(醫山問答)》은 일종의 소설 형식을 취한 글이다. 북경 방문길에 우연히 들른 국경 근처에 있는 의무려산(醫巫閭山)에서 만난 실옹(實翁)과 허자(虛子)라는 인물 사이의 대화를 통해 유학의 허례 의식이나 공리공담을 비판하고 실사구시 정신과 과학적 세계관을 주장하고 있다.

박지원(朴趾源, 1737~1805)

조선 후기의 문신이며 학자로, 본관은 반남이다. 자는 중미(仲美)이며 호는 연암(燕巖) 또는 연상(煙湘)이다. 우리에게는 '연암'이라는 호가 널리 알려져 있다. 1765년 처음 과거에 응시했으나 뜻을 이루지 못했으며, 이후로 과거 시험에 뜻을 두지 않고 오직 학문과 저술에만 전념했다. 백탑(白塔, 원각사지 10층 석탑) 근처에 거주하면서 박제가·이서구(李書九)·서상수(徐常修)·유득공·유금(柳琴) 등과 이웃하면서 학문적으로 깊은 교유를 가졌다.

1780년(정조 4년) 박명원(朴明源)의 수행원으로 청나라 고종의 칠순을 축하하기 위하여 중국에 들어가 성경(盛京)·북평(北平)·열하(熱河) 등지를 여행하고 돌아와 그곳 문인들과 교유하고 문물과 제도를 살펴본 바를 기록한 《열하일기(熱河日記)》로 유명하다.

이덕무(李德懋, 1741~1793)

조선 후기의 학자로 본관은 전주다. 자는 무관(懋官)이며 호는 형암 (炯庵), 또는 아정(雅亭)과 청장관(靑莊館)이다. 박제가·유득공·이서구 와 함께 《한객건연집(韓客巾衍集)》이라는 사가 시집(四家詩集)을 내어 명 성을 떨쳤다. 특히 박지원·홍대용 등의 북학파 실학자들과 교유하여 많은 영향을 받았다.

1778년(정조 2년) 사은사겸진주사(謝恩使兼陳奏使)의 일원으로 연경에 가서 청나라 석학들과 교유하는 한편, 그곳의 산천(山川)·도리(道里)· 궁실(宮室)·누대(樓臺)·초목(草木)·충어(蟲魚)·조수(鳥獸) 등을 자세히 기 록한 사행록인 《입연기(入燕記)》를 작성했다. 또한 청나라의 고증학에 관한 서적을 많이 가져오기도 하여 조선 후기 북학론을 발전시키는 데 큰 역할을 했다. 비속한 청나라의 문체를 썼다 하여 박지원·박제 가 등과 함께 문체반정(文體反正)에 걸려 정조에게 반성문에 해당하는 자송문(自訟文)을 지어 바치기도 했다.

유득공(柳得恭, 1749~1807)

본관은 문화이며, 자는 혜보(惠甫) 또는 혜풍(惠風)이다. 호는 영재(泠 齋), 영암(泠庵)이며 또는 고운당(古芸堂)이다. 진사 유곤(柳璭)의 서자이며 1774년(영조 50년) 사마시(司馬試)에 합격해 생원이 되고, 시문의 뛰어난 재질이 인정되어 1779년(정조 3년) 규장각 검서(奎章閣檢書)로 들어갔다. 저술로는 《경도잡지(京都雜志)》와 《발해고(渤海考)》 등이 전한다.

사행록인 《연대 재유록(燕臺再遊錄)》은 1801년(순조 1년)에 주자서(朱子書, 주자가 저술한 모든 책)의 좋은 판본을 구해 오라는 명을 받고 사은사 일행에 합류하여 중국에 체류하며 적은 기록이다. 기존의 사행록이 일기나 견문이 위주였던 것과 달리 중국의 학자들과 사회·사상 등에 관한 문답을 기록한 것이 특징이다.

이서구(李書九, 1754~1825)

본관은 전주이며 자는 낙서(洛瑞)이다. 호는 척재(惕齋)·강산(薑山)·소완정(素玩亭)·석모산인(席帽山人) 등이다. 1775년(영조 51년)부터 약 6년간 오로지 학문에만 뜻을 두고 역사 공부에 몰두했다. 그해에 이덕무 등과 함께 《한객건연집》에 참여하면서 사가 시인 또는 실학 사대가(實學四大家)라는 칭호를 얻었다.

사가 시인 중 이덕무·박제가·유득공이 서출(庶出)인 데 반하여 유일한 적출(嫡出)이었다. 중국으로 가는 사행사의 임무를 맡지 않았으나 홍대용과 박지원 등과 어울리고 실학파 문인들과 교유하면서 현실적인 학문과 문학을 추구했으며 당시 나라의 현실 문제와 역사·자연에 대한 관심을 문학적으로 표현했다.

2. 주요 용어

북벌론(北伐論)

북벌론은 말 그대로 북쪽을 정벌하자는 논의 또는 주장이다. 당시 북쪽에는 청나라가 있었으니 청나라를 정벌하자는 것이다. 오랑캐인 청에 의해 명이 멸망하자 명을 정통으로 받드는 한편 조선이 오랑캐인 청에게 당한 치욕을 씻고 임진왜란 때 도와준 명에 대한 의리를 지키기 위해 청을 정벌하자는 주장이다. 중국 문명을 높이 여기고 주변의 오랑캐를 얕보는 중화사상(中華思想)의 주체인 명이 멸망하자 조선이 그 자리를 대신하여 소중화(小中華)로서 정통을 지키자는 주장이기도 하다. 송시열(宋時烈)·송준길(宋浚吉)·김집(金集) 등이 대표적인 인물이다. 이러한 흐름에 따라 인조의 뒤를 이은 효종은 군대를 양성하고 성곽을 수리하는 등 북벌을 적극적으로 준비했지만 정작 송시열 등 북벌론자들은 북벌의 실행에 소극적이었으며 재정의 어려움과 효종의 갑작스러운 죽음으로 아무것도 이루지 못했다.

그 후 청에서 오삼계의 난을 비롯한 삼번(三藩)의 난이 일어나서 내부 혼란이 일어나자, 숙종 초에도 윤휴(尹鑴)·허적(許積) 등 남인을 중심으로 북벌론이 다시 제기되었다. 이에 북벌을 담당할 기구로 도체찰사부(都體察使府)를 설치한 뒤 산성을 축조하고 무과 합격자를 늘리고 전차(戰車)를 제조하는 등 병력과 군비를 증가시키기도 했으나 청이 삼번의 난을 진압하고 남인이 실각함에 따라 이 역시도 실행에 옮겨지지 못했다.

화이론(華夷論)

중화사상과 같은 의미를 지닌 말로 중국을 세상의 중심으로 인식하고 주변 민족들을 이(夷)·만(蠻)·융(戎)·적(狄)이라 칭하며 열등한 종족으로 인식하는 사상을 말한다. 세상을 '화(중국)'와 '이(주변)'의 세계로 구분하여 '이'를 오랑캐로 멸시했다. 화이론은 중국 주나라 때부터 이민족인 주변 세력의 침략에 시달리자 중국의 자존감을 높이기 위해 시작되었고 이후 춘추 전국 시대부터 진·한 시대에 걸쳐 문화적 우월성을 강조하는 화이론이 본격적으로 형성되었다.

화이론은 송나라 시대에 더욱 강화되었는데, 그 이유는 거란족이나 몽골족 등 북방 민족의 세력이 송나라를 압박하자 이에 대한 대항의식이 커졌기 때문이다. 이후 몽골족의 원이 한족인 명나라에 의해 쫓겨났지만 만주족이 다시 중국을 정복하며 청나라가 건국하자, 이때에도 중화사상의 영향으로 만주족에 대해 반대하는 반만(反滿) 사상이 일시적으로 일어나기도 했다.

실학(實學)

실학은 실제로 소용되는 참된 학문이라는 뜻으로 유학의 전통에서 공리공론(空理空論)에 기초한 헛된 학문이라는 뜻의 허학(虛學)과 대립된 말로 폭넓게 쓰여 왔다. 중국 송나라의 정이(程頤)가 실학이라는 용어를 처음으로 사용했으며, 주희(朱熹)는 노장 사상과 불교를 무용한 학문에 지나지 않는다고 비판하며 《중용(中庸)》의 가르침을 실학이라고 말했다. 명나라의 나흠순(羅欽順)과 왕정상(王廷相) 등은 송·명 시대 관념적인 유학인 이학(理學, 성리학)의 학풍을 비판하며 인간의 실제 생활을 중시하고 실사구시(實事求是)의 학문이라는 뜻에서 실학의 새로운 개념을 세웠다. 그 뒤 명과 청 시대에 걸쳐 황종희(黃宗羲)·고염무(顧炎武)·왕부지(王夫之) 등을 중심으로 실학 또는 고증학의 학풍이 성행했다.

조선 건국 과정에서는 기존의 불교를 허학으로 규정하고 성리학에 기반을 둔 신진 사대부가 자신들의 학문을 실학이라고 불렀으며, 일본에서는 실학이 에도[강호(江戶)] 시대에 서구의 과학과 기술의 수용을 강조하고 비실용적인 성리학을 비판하며 나타난 새로운 학문 경향을 가리키는 말로 썼다. 일반적으로 조선의 실학은 17세기 후반에서 19세기 전반에 걸쳐 전통적인 성리학 중심의 학풍에서 벗어나 새로운 방향을 모색한 일련의 현실 개혁적 유학의 한 분파가 추구한 학문 및 사상을 말한다. 학문의 바탕은 실사구시에 두고 이용후생(利用厚生)과 경세치용(經世致用)을 표방했다.

실학이라는 용어는 한국과 중국, 일본에서 17세기 이전부터 폭넓게 사용되어 왔다. 하지만 오늘날에는 17~19세기에 걸쳐 조선 후기 사회에서 유형원·이익(李瀷)·정약용·박지원·홍대용·박제가·김정희(金正喜)·최한기(崔漢綺) 등을 중심으로 나타났던 유학의 새로운 학풍이자 사상 조류를 가리키는 말로 쓰인다.

실사구시(實事求是)

'실사구시'란 사실에 근거하여 진리를 탐구하는 태도를 말한다. 이는 《후한서(後漢書)》의 〈하간헌왕덕전(河間獻王德傳)〉에서 '수학호고실사구시(修學好古實事求是, 학문을 닦아 옛것을 좋아하고, 일을 참답게 하여 옳음을 구함)'에서 비롯된 말이다. 청나라 초기에 고증학(考證學)을 표방하는 학자들이 송·명대의 학문을 배격하여 내세운 표어였다. 송과 명의 유학은 한과 당의 유학에서는 부족했던 고도의 논리적인 철학 이론을 수립했으나, 고전의 원래 뜻에서 벗어나 주관적 해석에 빠지게 되었다고 비판하며 고전의 글자와 문구 하나하나를 정확하게 훈고(訓詁)해서 원래의 의미를 되찾자는 데에서 유래되었다.

실사구시는 그러한 고증학에 가장 적합한 표현이다. 그것은 공론을 피하고 착실히 증거를 찾는다는 의미이며, 문헌학적인 고증의 정밀함을 존중하는 일이고, 이전까지의 주관주의에 대한 반동으로 일어난 객관주의 학문 운동이라 할 수 있다.

청의 유학자들은 실사구시의 정신에 입각하여 학문하는 데 귀납법

을 사용했다. 이들은 개개의 사물이나 현상을 관찰하여 특별히 주의
해야 할 가치를 이끌어 냈으며, 어느 사항에 관심이 생기면 그 사항
과 같은 것이나 연관이 있는 것을 비교하면서 연구했다. 그리고 나온
결과에 다시 한 번 자기의 의견을 바탕으로 여러 각도에서 실증적 증
거를 찾으려 했으며, 반증이 발견되면 그동안의 정설을 포기했다. 이
처럼 실사구시는 학문 그 자체를 목적으로 하고 엄격한 객관적 태도
를 바탕으로 사실을 밝히려는 태도와 깊이 연관되었다.

　따라서 자기의 이념이나 신념에 따라 경전을 주관적으로 해석한
이전의 유학자들과는 달리 근대적이고 과학적인 연구 태도를 확립
했다고 할 수 있다. 우리나라에서는 추사 김정희에 이르러 일가를 이
루어 실사구시학파라고 불린다. 결국 실학사상은 성리학적 학문 풍
토에서 벗어난 독자적인 학문 탐구라고 볼 수 있다. 기존에 천시했던
인간의 욕구에 대해서도 긍정적 입장을 취하면서, 인간의 욕구를 생
존은 물론 도덕적인 삶을 위해 필요한 삶의 추동력으로 파악하기도
했다.

이용후생(利用厚生)

　'이용후생'은 '쓰는 것을 편리하게 하며 삶을 두텁게 한다.'라는 뜻
으로, 기물의 사용을 편리하게 하고 재물을 풍부하게 하여 백성들의
생활을 윤택하게 하는 것을 말한다. 《서경(書經)》〈우서(虞書)〉 대우모

(大禹謨)에 "우가 순임금에게 말하길, '임금이시여, 잘 생각하십시오. 덕으로만 옳은 정치를 할 수 있고, 정치는 백성을 잘 기르는 데 있으니, 물·불·쇠·나무·흙 및 곡식들을 잘 다스리시고, 또 덕을 바로잡고 쓰임을 이롭게 하며 삶을 두터이 하도록 조화시키십시오. 이러한 질서가 잡히면 그것을 노래 부르게 하십시오.'라고 했다."라는 기록에서 나온 말이다.

전통적으로 이용후생은 정덕을 세운 다음의 문제인 부차적인 것으로 취급되었다. 이에 반하여 조선의 실학자들은 정덕과 이용후생을 분리할 수 없는 동일한 문제로 여겼으며, 오히려 이용후생을 정덕보다 우선적으로 고려해야 할 문제로 보았다. 특히 청나라 문물에 대한 경험을 통해 서구 문물에까지 관심을 가진 '북학파' 지식인들은 이용후생을 적극적으로 실현해야 부국(富國) 안민(安民)을 이룰 수 있다면서 그것이 시대의 소명임을 주장했다.

경세치용(經世致用)

경세치용은 '세상을 경영하고 쓰임새를 극대화한다.'라는 뜻으로, 국가의 정치·경제·사회 등 제반 활동과 제도 등의 문제를 효과적으로 해결하고 성취해 가기 위해 적절한 방법론을 제시하고 활용하는 것을 말한다.

명나라 말기에 성리학이나 양명학 모두 공리공담 경향으로 흐르자, 이를 비판하면서 청나라 초기에 고증학의 제창자인 고염무와 황종희·왕부지 등에 의해 객관적이고 실증적 학풍이 등장했다. 그러나 이러한 학문의 경향도 백성들에게 실질적인 도움을 주자는 구호에 그쳤을 뿐, 이민족이 세운 청 왕조를 배격하고 한족의 우수성을 주장하는 민족주의에 치우치는 경향을 보였다.

조선에서의 경세치용은 주로 남인 계열의 지식인들이 내세운 구호로 알려져 있는데, 주로 유형원·이익·정약용 등이 그 중심이었다. 현실 문제에 대하여 실용적 관심을 가지는 학문으로 전개되면서 그들 나름의 독자적인 영역을 개척하여, 이후 경세치용이라는 말은 이용후생과 더불어 실학파라 일컫는 지식인들의 학문적 방법을 가리키는 용어로 사용되었다.

문체반정(文體反正)

문체반정이란 글의 문체를 바르게 하겠다던 1792년 정조의 정책을 말한다. 즉 옛날의 고전 문체로 되돌아가서 바르게 한다는 의미이며, 정조는 당시 유행하던 '패관문학(稗官文學, 패관잡기)' 문체를 고치려고 했던 것이다. '문체순정(文體醇正)', '문체파동(文體波動)'이라고도 한다.

일제 강점기에 한국 사상을 연구한 일본인 다카하시 토오루[고교형(高橋亨)]의 연구 이래 통상 문체반정(文體反正)으로 지칭되지만 이는 정조 당시에 사용하던 용어는 아니다. 당시에는 비변문체(丕變文體)·

문체지교정(文體之矯正)·귀정(歸正) 등이 사용되었다.

정조 당시는 패관잡기(稗官雜記, 한나라 때 '패관'이라는 관직은 궁궐 밖의 이야기를 기록하는 관직이었는데, 조선 전기 어숙권이 여러 일화를 모아서 《패관잡기》라는 책을 발간한 데서 유래)나 명말 청초(明末淸初) 중국 문인들의 문집에 영향을 받아 개성에 따르는 참신한 문체가 크게 유행했다. 이에 대해 정조는 서양학·패관잡기·명말 청초의 문집을 사(邪)로 규정하고 이를 배격함으로써 순정(醇正)한 고문의 문체를 회복하고자 했다. 직접적 계기는 1792년 이동직(李東稷)이 정조의 총애를 받던 이가환의 문체를 문제 삼아 상소를 올린 것에서 시작되었다. 이에 대해 정조는 이가환을 두둔하며 당시 유행하던 불순한 문체는 박지원과 그의 저작인 《열하일기》에 근원이 있다고 하여 박지원으로 하여금 순정한 고문을 지어 바칠 것을 명했다.

1787년 이상황(李相璜)과 김조순(金祖淳)이 《당송백가소설》·《평산냉연(平山冷燕)》 등의 책을 보다가 발각되자 정조는 두 사람에게 오로지 경전에 힘쓰고 잡서를 보지 말라고 지시했다. 또 정조는 1791년에 서학(西學) 문제에 대한 대처 방안으로 "서학을 금하려면 먼저 패관잡기부터 금해야 하고, 패관잡기를 금하려면 먼저 명말 청초 문집부터 금해야 한다."는 원칙을 제시했다. 1792년에는 중국에 사신으로 가는 박종악(朴宗岳)에게 패관소기(稗官小記) 및 일체의 중국 서적을 사오지 말라고 명하기도 했다. 또한 주자(朱子)의 글을 가려 뽑은 《주자

선통(朱子選統)》을 비롯하여, 당송팔대가의 대표적 고문을 뽑은 《팔자백선(八子百選)》 등을 출간하여 고문의 모범을 제시했다.

정조는 이옥(李鈺)의 과체문장(科體文章)에 패관체의 기풍이 있다고 하여 논책하고, 문체가 불순한 자는 과거에도 응시하지 못하도록 조치했다. 조정 문신도 예외는 아니어서 문체가 불순하면 교수에 천거되지 못하게 하는 한편, 상당수의 관리들이 견책을 받고 일종의 반성문인 자송문(自訟文)을 지어 바치기도 했다. 정조는 개혁 군주로 알려져 있는데 문체를 가지고 과거로 돌아가자며 단속을 했다고 하니 매우 의아한 일이 아닐 수 없다. 문체반정은 노론의 공격으로부터 남인을 보호하고자 하는 정조의 계획된 여론 조성 정책이라는 주장도 있으나 문체에 대한 관권의 개입은 결과적으로 자못 활발하게 움직였던 문예 활동을 위축시키는 결과를 초래한 것으로 평가받는다.

| 일러두기 |

1. 이 책은 이우성(李佑成)이 편집하고 정리한 《초정전서(楚亭全書)》(서울아세아문화사, 1992)의 《북학의》를 저본으로 삼았다.
2. 《북학의》는 내편(內篇)과 외편(外篇), 진소본(進疏本)이 있으며, 이 책은 독자의 이해를 돕기 위해 《북학의》 전문에서 주제별로 발췌해 재구성하였다.
3. 원문 중심으로 번역했으나 다소 매끄럽지 못한 부분은 독자의 이해를 돕기 위해 최대한 쉽게 풀어 썼다.
4. 원문의 번역은 갈색으로, 이에 대한 풀어쓴이의 해설은 검은색으로 구분하였다.
5. 원문에는 없으나 이해를 돕기 위해 본문 시작 전에 《북학의》에서 언급되는 주요 인물과 용어에 대한 간략한 설명을 달았고, 본문이 끝난 뒤에는 박제가와 《북학의》에 대한 해설을 실었다.

1장

북학에 대한 논의

지금 백성들의 생활은 날로 곤궁해지고 나라의 재정은 날이 갈수록 궁핍해지고 있다. 그런데도 사대부들은 수수방관만 하고 이를 구제하지 않는 것인가? 아니면 과거의 습속에 머물러 편안하게 즐기면서 실정을 모르는 것인가?

1. 왜 북학인가?

수준이 낮은 선비는 오곡(五穀, 쌀·보리·콩·조·기장)을 보고서 중국에도
이런 것이 있느냐고 묻고, 수준이 중간 정도의 선비는 중국의 문장 솜씨
가 우리보다 못하다고 하며, 수준이 높은 선비는 중국에 성리학이 없다
고 말한다. 정말 그렇다면 중국에는 제대로 된 선비가 하나도 없다는 말
이다. 내가 "중국에는 배울 만한 선비가 남아 있다."라고 말했지만 실제
로는 배울 만한 선비가 거의 없다는 것이다.

그렇지만 천하는 넓은데 어느 곳인들 인물이 없겠는가? 내가 지나친
곳은 옛 연(燕)나라의 한 모퉁이일 뿐이며, 내가 만난 사람들도 글 쓰는
선비 몇 사람일 뿐이지 도를 전하는 큰 선비를 본 것은 아니었다. 그럼
에도 불구하고 배울 만한 선비들이 없다고 감히 말할 수는 없다.

지금 조선의 선비들은 천하의 수많은 책을 다 읽지도 않고 세상의 드
넓은 땅을 다 밟아 보지 않았으면서, 육롱기(陸隴其)나 이광지(李光地) 등
의 성리학과 고염무(顧炎武)의 존주론(尊周論, 주나라를 높이고 이민족을 낮춘 중

화사상)을 밝힌 주죽타(朱竹垞)의 넓은 학식, 왕어양(王漁洋)과 위숙자(魏菽
子)의 시와 문장을 알지도 못하면서 "도학이고 문장이고 보잘것이 없다."
라고 잘라 말한다. 더구나 세상의 바른 논의조차도 믿지 않는데, 요즘
사람들이 도대체 무엇을 믿고 저러는지 모르겠다.

책과 의리는 무궁무진하다. 따라서 중국의 서적을 읽지 않는 것은 스
스로 한계를 정하는 일이고, 천하가 온통 오랑캐라고 하는 것은 남을 속
이는 일이다. 중국에 육구연(陸九淵)과 왕수인(王守仁)의 학문이 존재하는
것은 사실이지만 주희(朱熹)의 학문을 제대로 계승한 사람도 있다. 그런
데 우리나라에서는 사람마다 정이(程頤)와 주희의 학설만을 말하기 때문
에 이단(異端)이 전혀 없다. 사대부들도 감히 양명학을 말하지 않는 것은
그들이 추구하는 도가 한곳에서 나와서 그런 것이 아니겠는가?

우리나라에서는 사람들을 과거 시험으로 몰아가고 그들의 기질이나
풍습을 옴짝달싹도 못 하게 묶어 놓았다. 그것을 따르지 않으면 제 한
몸도 지탱할 곳이 없고 그 자손도 보존할 수 없다. 이것이 바로 규모가
큰 중국에 미치지 못하는 이유다. 우리가 가진 장기를 모두 발휘하더라
도 중국에 있는 한 가지에도 미치지 못한다면 저들과 비교하여 따져 보
는 것 자체가 이미 자신의 능력을 헤아리지 못하는 것이다.

내가 중국에서 돌아왔더니 나라 안의 사람들이 문이 닳도록 찾아와
"저들의 풍속에 대해 듣기를 원하오."라고 하여 내가 벌떡 일어나 말
했다. "그대는 중국의 비단을 보지 못했는가? 꽃과 새와 용의 무늬가 살

아서 움직이는 것처럼 번쩍거리고 순식간에 다른 색깔로 변한다오. 그것을 구경한 사람은 비단을 짜는 기술이 이런 수준에 이르렀을 줄은 생각도 못 했을 것이오. 우리나라의 무명이 가로세로 얼기설기 엮어진 것과 비교하면 어떻겠소? 어떤 물건이고 그렇지 않은 것이 없다오. 그들의 말이 곧 글이며 집은 화려하고 다닐 때는 수레를 타고 몸에서는 향기가 난다오. 그들의 도읍과 성곽, 음악은 번화하고 화려하며, 무지개다리와 가로수가 늘어진 거리를 쿵쿵거리며 오가는 수레와 사람들의 모습은 그림 속의 풍경과 같다오. 부인들은 모두 예스러운 비녀를 꽂고 긴 옷을 입고 다녀서 멀리서 바라보면 우아하기가 비할 데가 없어 몽고의 풍습을 아직도 좇아 짧은 저고리와 넓은 치마를 입은 우리 여인네들과는 사뭇 다르다오."

이렇게 말하자 그들은 모두 망연자실하여 내 말을 믿으려 하지 않았다. 그들이 듣고 싶었던 말과 달랐기 때문에 모두 실망하고 가 버렸다. 그러고는 내가 오랑캐 편을 든다고 생각하는 듯했다. 아아, 애석하다. 그들은 모두 장차 우리나라의 학문을 밝히고 백성을 다스릴 사람들이다. 그런데 완고함이 이와 같으니 지금 우리의 풍속이 널리 떨쳐지지 않는 것은 당연한 일이다. 주자는 "오직 의리를 아는 자가 많기를 바랄 뿐이다."라고 하였다. 그래서 내가 이러한 점에 대해 따지지 않을 수 없다.

〈북학변(北學辨)〉

북학의 '북'은 북쪽을 가리키는 말로 지리적으로 당시의 청나라를 뜻한다. 그러므로 북학이란 서구의 문물을 수용하여 발전한 청의 선진 문물을 배우자는 것이다. 하지만 당시 대다수 사대부들의 생각이 북벌을 명분으로 삼고 청을 오랑캐로 보았기에 북학은 아주 생소할 뿐만 아니라 시류와 어긋난 주장이었다. 더군다나 청나라는 호란으로 온 국토를 짓밟은 원수였고 보잘것없는 오랑캐에 불과한 그들에게 배울 점을 찾는다는 것은 받아들일 수 없는 일이었다.

이런 생각은 중국의 천자를 높이고 오랑캐를 물리친다는 '존왕양이(尊王攘夷)'나 중국 고대의 국가인 주나라를 중심으로 내세워 중국 문화를 높인다는 '존주론(尊周論)'과 같은 중화사상으로 나타났다. 이러한 생각은 중국에서 사신이 조선으로 왔을 때 영접하던 건물의 명칭을 중국의 문화를 흠모한다는 모화관(慕華館)이라 했던 것에서도 잘 드러난다. 그리고 그 모화의 대상은 당연히 명나라였다.

그러나 만주를 통합한 여진족의 나라 후금(後金, 뒤에 청으로 이름을 바꿈)이 우리나라에 쳐들어와 정묘호란과 병자호란을 일으키고 중국의 명나라마저 정복하자, 조선은 청을 사대의 상국(上國)으로 삼을 수밖에 없었다. 효종 때에는 그 치욕을 씻기 위하여 북벌을 주장하는 자들이 득세하기도 했으나 현실적으로 실천으로 옮기는 일은 불가능했다. 특히 당시의 지식인들은 청을 오랑캐로 여겨 얕보았을 뿐 아니라 오직 자신들의 권력과 체제를 유지하는 것에만 관심을 기울이고 중국이나 서양의 선진 문물을 받아들이려는 개방적인 자세는 전혀 없었다.

그러다 세월이 흘러 조선의 르네상스라고 할 수 있는 영·정조 시대가 열린다. 박제가는 사신의 일원으로 청의 수도를 가게 된다. 그것도 모두 네 차례나 다녀왔다. 이들 사신 일행을 '연행사(燕行使)'라고 하는데, 지금의 북경이 당시에는 연경이라 불려서 그랬다. 반면 이전에 명나라에 보내는 사신을 '조천사(朝天使)'라고 하였는데, 천자에게 조회하러 가는 사절이라는 뜻이다. 이처럼 조공을 하러 가는 사신을 연행사라고 한 것도 청을 명과 동등한 위치로 인정하지 않아서였다. 이런 시절에 박제가는 '북학'을 외쳤다. 바로 청의 문물을 배우자는 것이니 시대에 맞서는 저항적인 생각이 아닐 수 없었다.

흔히 박지원·박제가·이덕무 등의 학자들을 묶어서 '이용후생학파'라고도 하지만 북학파라고도 하는 것은 박제가가 지은 《북학의》에서 비롯되었다. 박제가는 당시 지식인들을 향해 청나라를 극복하기 위해서는 청나라로부터 배워야 한다고 주장하며 심지어 조선 사대부들의 눈은 "아교로 붙이고 거기다 옻칠까지 했다"라고 비판할 정도였다. 아교로 붙인 것처럼 시각이 고정되었고, 옻칠을 한 것처럼 사물을 바르게 보지 못한다는 표현이다.

1776년 그의 나이 27세 때 영조가 죽고 정조가 즉위하자 박제가에게 뜻하지 않던 기회가 찾아왔다. 왕에 오른 정조가 규장각을 설치하고 젊고 유능한 학자들을 대거 발탁한 것이다. 이덕무·유득공·이서구 등 서얼[庶孼, 양인 신분의 첩이 낳은 서자(庶子)와 천민 신분의 첩이 낳은 얼자(孼子)를 함께 이르는 말] 출신들을 발탁하면서 박제가도 규장각 검서(글자를 검열하고 다시 교정해서 쓰는 직책)로 등용한 것이다. 그리고 1778년에는 채제공(蔡濟恭)을 수행해 청나라 사은사 행렬에 합류해서 그토록 꿈에 그리던 청나라로 첫 번째 연행을 하게 되었다.

그는 약 3개월에 걸친 일정 동안 청나라의 문물을 꼼꼼히 살피면서 당시 청나라의 유명한 학자인 이조원(李調元)·반정균(潘庭均) 등과 교유하고 그들의 안내를 받을 수 있었다. 이렇게 선진 문명의 이기를 직접 확인하면서 엄청난 충격과 감동을 받고 귀국해서 자신이 체험한 모든 것을 상세히 기록했다. 1778년 7월 1일 한성에 도착하고 약 3개월 뒤인 9월 29일 경기도 통진(通津, 지금의 경기도 김포)에서 집필을 마무리하였는데, 그것이 바로 《북학의》다. 당시에 쓴 《북학의》는 서문과 내편과 외편으로 구성되었는데, 위의 〈북학변〉은 외편에 실린 글로 북학을 주장하게 된 나름의 변론인 셈이다.

나는 어렸을 때에 고운(孤雲) 최치원(崔致遠, 857~?, 신라 후기의 육두품으로 당나라에 유학 가서 과거에 합격하고 문장가로 이름을 날림)과 중봉(重峯) 조헌(趙憲, 1544~1592, 선조 시대 문신으로 강직한 상소를 자주 올렸고 임진왜란이 일어나자 의병을 일으켜 왜군과 싸우다가 전사함)의 사람됨을 흠모하여 비록 다른 시대에 살

고 있지만 말을 끄는 마부가 되어서라도 모시길 원하였다. 고운은 당나라에 유학하여 진사가 된 뒤 고국에 돌아와서 신라의 풍속을 혁신하여 중국보다 진보시키고자 하였다. 그러나 좋지 못한 시대를 만난 까닭에 가야산에 은거하였고, 어디서 삶을 마쳤는지 알 수 없다. 중봉은 질정관(質正官, 사신의 수행원)의 신분으로 연경에 들어갔다가 조선에 돌아와서 임금께 〈동환봉사(東還封事)〉를 올렸다.

이들은 남을 통하여 나를 깨우치고, 남의 장점을 발견하면 자신도 그것을 실천하고자 하였다. 또한 중국의 문화를 수용하여 미개한 풍속을 변화시키려고 고심하였다. 압록강 동쪽의 우리나라가 1000여 년을 지내오는 동안 보잘것없고 조그마한 나라를 한번 개혁하여 중국의 수준으로 올리고자 노력한 사람은 오직 이 두 사람뿐이었다.

금년 여름 진주사(陳奏使)가 중국에 들어갈 때, 나는 청장관 이덕무와 함께 그 행차를 따라가게 되었다. 연경과 계주(薊州, 지금의 천진시 계주구) 사이의 광야를 둘러보고, 오(吳, 장강 부근의 지역으로 중국의 남쪽 지방을 일컬음)와 촉(蜀, 삼국 시대 촉나라가 자리 잡았던 지역으로 오늘날의 사천성 일대) 지방의 선비들과 사귈 수 있었다. 수개월 동안 머물면서 평소에 듣지 못했던 것들을 새롭게 들었고, 중국의 옛 풍속이 아직도 남아 있어 예전 사람들이 나를 속이지 않았구나 하고 감탄을 하였다. 그래서 그들의 풍속 가운데 본국에서 시행하여 일상생활에서 편리할 만한 것들을 글로 적었다. 아울러 그것을 시행하여서 얻을 수 있는 이익과 시행하지 않아서 발생할 수 있는 폐단을 첨부하여 설명하였다. 그리고 《맹자》에 나오는 진량(陳良)의 말을 인용하여 책의 이름을 《북학의》라고 지었다.

이 책에서 주장한 내용 중에서 사소한 것은 소홀히 여기기 쉽고, 번잡한 것은 시행하기 어려울 것이다. 그러나 선왕(先王)이 백성을 교화할 때 반드시 집집마다 찾아다니며 일일이 가르치고 깨우치지는 않았다. 절구를 하나 만들어 내자 천하에는 껍질을 벗기지 않고 낟알을 먹는 사람들이 사라졌고, 신발을 한번 만들어 내자 천하의 사람들이 맨발로 다니지 않게 되었으며, 또한 배와 수레를 한번 만들어 내자 아무리 험한 곳이라도 운반하여 유통시키지 못하는 물건이 없었다. 이러한 방법이 얼마나 간단하면서 쉬운 것이었던가?

이용(利用)과 후생(厚生)은 한 가지라도 갖추어지지 않으면 위로 정덕(正德)을 해치게 된다. 그러므로 공자(孔子)는 "백성의 수가 많아진 다음에 그들을 교화시키도록 하라."라고 하였으며, 관중(管仲)은 "의식(衣食)이 풍족해진 다음에 예절을 안다."라고 하였던 것이다. 지금 백성들의 생활은 날로 곤궁해지고 나라의 재정은 날이 갈수록 궁핍해지고 있다. 그런데도 사대부들은 수수방관만 하고 이를 구제하지 않는 것인가? 아니면 과거의 습속에 머물러 편안하게 즐기면서 실정을 모르는 것인가?

주자는 학문에 대해 "이와 같이 해서 병이 된다면 이와 같이 하지 않으면 약이 될 것이다."라고 하였다. 참으로 그 병을 분명하게 안다면 약은 손쉽게 따라오게 마련이다. 그러므로 지금의 폐단이 발생하게 된 근원에 대해서 더욱 꼼꼼하게 정성을 기울였다. 비록 이 책에서 말한 것이 반드시 당장 시행되지 못한다 할지라도 중요한 것은 그 마음만은 후세의 사람들을 속이지 않으리라는 것이다. 고운과 중봉의 뜻도 그러했으리라.

〈박제가자서(朴齊家自序)〉

〈박제가자서〉는 《북학의》의 서문으로, 책을 쓰게 된 이유를 들고 있다. 박제가는 이 글에서 당나라에 유학해서 관료로 지내다가 신라로 돌아와 신라 사회의 신분제적 한계를 개혁하고자 했던 최치원이나 선조 시대 사신으로 명나라에 갔다가 중국에서 들여와야 할 제도나 기술, 문물에 대해 선조에게 《동봉환서》를 올린 조헌을 들어 자신의 의도를 밝히고 있다. 당시 조선의 지배 계층인 양반들은 조선의 실정이 궁핍하고 어려웠음에도 불구하고 근검절약하는 정신이나 강조하면서 도로나 제도의 개선은 물론 농업 기술의 발전 등 이용후생에는 전혀 관심을 기울이지 않았다. 이런 실정으로 인해 가뭄과 흉년이 닥쳐와도 속수무책일 수밖에 없었고, 이로 인해 고통받는 것은 오로지 백성들뿐이었다. 이러한 사회 분위기 속에서 박제가는 청나라의 문물을 직접 보고 온 것을 바탕으로 도로의 확충·수레의 이용·농업 기술의 개선 등을 조목조목 들어서 그 개선책을 제시하고자 했다.

하지만 박제가의 의견에 제대로 귀 기울이는 사람은 극히 드물었다. 박제가는 청나라에 다녀온 후 20여 년에 걸쳐 청의 문물을 배워서 수용하자는 내용의 상소문을 수차례나 올리고 책으로 편찬하기도 하였으나, 임금인 정조나 지배 세력이던 노론 등의 사대부들은 전혀 받아들이지 않았다. 오늘날의 시각으로 보면 당연한 일이라 여길 수 있는 것들이었지만 당시의 사대부들은 오랑캐인 청나라를 배우자는 터무니없는 의견으로 받아들였기 때문이다.

2. 북학의를 임금께 올리면서

엎드려 올립니다. 신은 지난 해 12월에 농업을 권장하고 농서를 구하신다는 윤음[綸音, 임금의 말씀, 교서(敎書)]을 엎드려 받았습니다. 신은 고을의 원로와 선비들이 함께 두 손 모아 받들어 읽고서 차례대로 돌려 보도록 했습니다. 글을 모르는 자가 있으면 그 뜻을 풀이해 주니 서로 기뻐하며 성상(聖上, 임금)의 은혜를 찬송하고, 저절로 손과 발을 움직여 덩실덩실 춤을 추는 것조차 모를 정도였습니다. 그리고 나서 탄식을 멈출 수 없었습니다. 평소에 축적한 지식이 없어 농서를 바치라는 명철한 명령을 받들어 완수할 능력이 없는 것이 두려웠기 때문입니다.

그러나 신이 엎드려 생각해 보니 모든 사물에는 정밀한 의리가 담겨 있지 않은 것이 없다는 것을 깨달았습니다. 게다가 하늘이 좋은 곡식을 내려 백성들을 먹게 하는 농사야말로 매우 중요하고 그 이치가 지극한 것이었습니다. 하지만 남이 시키는 일만 하는 하인이나 어리석은 무리에게 농사를 맡겨 두고 서툰 솜씨로 수확한 곡식을 앉아서 받기만 해서야 되겠습니까? 농사에 특별한 뜻을 지닌 자를 기다린 다음에 시행해야 하는 것이 마땅합니다.

지금 우리 성상께서는 위대한 우임금이 모든 일에 힘을 다한 것을 사모하고 주공(周公)이 농사를 분명히 한 일을 본받으셔서 우리 백성들이 굶주리지 않고 추위에 떠는 일이 없도록 하는 것을 왕정(王政)의 으뜸으로 두셨습니다. 그러므로 수많은 백성이 다 함께 복을 받는 것은 시간이 지나면 당연한 일일 뿐입니다.

신이 외람되게 직분을 맡은 지 어언 3년이 되었습니다. 치적을 100리 안에서도 나타내지 못했습니다만 근심은 천하 누구보다도 앞섰습니다. 매번 두메산골의 백성들을 보면, 화전을 일구고 나무뿌리를 찍어 내느라 열 손가락이 모두 문드러지고 입은 옷은 10년이 되어 낡고 해졌습니다. 그들의 집은 허리를 굽혀야 들어갈 수 있고 벽은 연기에 그을린 채 흙으로 바르지도 못하였습니다. 음식은 깨진 주발에 담아 먹고 나물에는 소금으로 간도 못 하였습니다. 부뚜막에는 나무 숟가락만 달랑 놓여 있고 아궁이 근처에는 질항아리만 덩그러니 놓여 있습니다.

그렇게 된 이유를 물었습니다. 쇠솥과 놋숟가락은 이정(里正, 마을의 공공 업무를 담당하는 선출직으로 오늘날의 이장보다 세금 징수 등의 권한이 더 컸음)에게 빌린 곡식값으로 빼앗겼답니다. 요역(徭役, 국가에서 젊은 남자에게 부과하던 노역)에 대해서 물어보니 노비가 아니면 군보(軍保, 군대를 나가지 않는 대신 내는 군역)로서 250~260전을 관청에 납부한다고 했습니다. 국가의 경비가 나오는 곳이 바로 이곳입니다. 저는 마음이 슬퍼 이불휼위(釐不恤緯, 주나라의 한 과부가 베 짜는 일은 걱정하지 않고 나라 망하는 일을 두려워했다는 고사로, 평범한 여인도 나라를 걱정하는데 하물며 대장부는 마땅히 나랏일을 걱정해야 함을 비유하는 말)의 탄식이 나왔습니다.

그러므로 지금의 법도를 바꾸지 않으면 지금의 풍습에서는 하루아침도 살 수 없습니다. 이는 특별히 하나의 고을만 그러한 것이 아니라 여러 고을 모두 그러하고 온 나라가 모두 그러합니다. 이로 인해 성상께서는 분연히 떨쳐 일어나 한번 경장(更張, 개혁)을 생각하시고, 대책 마련을 위해 신하들에게 조언을 구하시는 데 이렇듯 부지런하고 정성을 다하시고 계십니다.

신이 듣건대, 나라를 다스리는 것은 말을 기르는 것과 같아서 말에게 해로운 것을 제거하면 된다고 합니다. 지금 농업에 힘쓰시고자 하신다면 반드시 먼저 농업에 해가 되는 것을 제거한 후에 다른 것들을 논의할 수 있습니다.

첫째로 선비를 가려내 정리해야 합니다. 지금만 헤아려도 대비과[大比科, 3년마다 정기적으로 보는 과거 시험으로 뒤에 식년시(式年試)와 통합]를 보는 해에 대과든 소과든 시험을 치르는데 시험장에 나오는 자가 거의 10만 명이 넘습니다. 10만 명에서 그치는 것이 아니라 이들 무리의 부자 형제가 비록 과거 시험에 응시하지 않더라도 역시 모두 농사일을 하지 않는 자들입니다. 농사를 하지 않는 것에 그치지 않고 모두 농민을 부리는 자들입니다.

같은 백성이지만 부림을 받는 자와 부리는 자 사이에는 강자와 약자의 형세가 형성됩니다. 강자와 약자가 형성되고 나면 농업은 날로 경시되고 과거는 날로 중시되게 마련입니다. 조금이라도 자신의 능력을 자신하는 자라면 모두 과거장으로 달려들고, 그렇게 되면 농사는 하등의 어리석은 자나 남에게 부림을 당하는 머슴에게 맡겨질 수밖에 없습니다.

사정이 이렇게 되니 처자식을 몰아서 들녘에서 농사를 짓게 합니다. 소 먹이고 밭을 가는 일의 반 정도가 여염집 아낙네의 몫이고 또 풀을 베고 방아 찧는 일은 모두 부녀자의 책임입니다. 그로 인해 피폐해진 작은 마을에는 다듬이질 소리가 거의 들리지 않아 온 나라 사람들이 입을 옷이 없어 몸을 가리지도 못할 지경입니다.

학자와 벼슬아치들은 그런 형편을 으레 그렇거니 여기고 옛날부터 그런 줄로만 알고 있습니다. 제가 당나라 대숙륜(戴叔倫)의 〈밭에서 일하는 여인[여경전행(女耕田行)]〉이라는 시를 보니 안록산의 난이 발생한 이후의 상황을 탄식한 내용이었습니다. 지금은 태평성대가 100년을 이어 왔으니 부녀자가 경작을 한다는 상황은 참으로 이웃나라에 소문나게 해서는 안 될 일입니다.

어떻게 선비가 농사에 해가 된다고만 말하겠습니까? 실상은 선비가 농사를 망치는 가장 심각한 자들입니다. 이들이 우리나라에서 인구의 과반수를 차지한 지가 100년입니다. 지금 날로 늘어나는 선비를 가려내 정리하지 않고 도리어 힘을 잃어 가는 농민들에게 어찌하여 힘을 다 발휘하지 않느냐고 책망을 한다면, 조정에서 날마다 천 가지 공문을 보내고 고을의 관리들이 날마다 만 마디 말로 권유해도 이는 한 바가지의 물로 수레에 가득한 땔감의 불을 끄는 격입니다. 아무리 노력한다고 해도 일의 성과에는 보탬이 되지 않고 있습니다.

〈응지진북학의소(應旨進北學議疏)〉

　박제가가 당시 사대부들이 그토록 경멸했던 청을 배우자는 이유는 바로 조선의 백성이 얼마나 가난하고 고통에 허덕이고 있는지를 알기에 그러한 것이었다. 이는 당시의 사상적 흐름으로 나타났던 실학의 애민(愛民) 정신과도 깊이 연결되어 있는데, 그 결정체의 한 가지가 바로 《북학의》라고 할 수 있다.

　《북학의》의 목차를 살펴보면 온갖 일상사를 나열한 백과사전 같기도 한데, 그 이유는 그만큼 조선의 현실이 문제를 안고 있었기 때문이다. 이 글에서도 잘 나타나듯이 당시 백성들의 삶은 온갖 세금과 노역, 양반들의 횡포로 점점 어려워지고 있는데도 지배 계급인 양반층은 농사일이나 상업 같은 구체적인 일에는 종사하지 않고 무위도식하면서 '갑질'이나 일삼고 있었다. 그래서 박제가는 이들 선비들을 대폭 가리고 정리해야 한다고까지 목소리를 높였다. 물론 양반의 나라 조선에서는 조금도 통하지 않을 헛소리일지는 몰라도 농정을 개혁하고자 한다면 그것을 가로막고 있는 사대부들을 먼저 정리해야 한다는 것은 지금으로 봐서는 상식적인 일이라 하겠다.

어쨌든 박제가는 《북학의》를 처음 저술한 1778년에서 20여 년이 흐른 1799년에 자신이 처음에 주장했던 내용 가운데 농사와 관련한 항목들을 중심으로 재정리해서 그것을 임금에게 상소문 형식으로 제출했다. 1798년 정조는 전국 유생들에게 농정을 권장하고 농서를 구한다는 취지의 윤음을 내렸다. 이런 취지에 맞추어 박제가는 '진소본북학의(進疏本北學議)', 또는 '진북학의(眞北學議)'라고 부르는 상소문을 올렸던 것이다. 〈진소본북학의〉의 서문 격인 〈응지진북학의소〉는 그의 농업 진흥에 대한 열의를 잘 보여 주고 있다. '응지진북학의소'란 국왕이 의견을 수렴하는 교지에 답하는 형식의 상소란 뜻이다. 여기서 그는 농업 진흥을 위해 먼저 우수한 인재를 잘 가려서 등용할 것과 수레와 배를 이용한 운송 체계를 확립하고 농기구를 개발할 것을 제시하고 있다. 또한 농사법을 개선함과 동시에 상공업을 장려할 것도 건의한다.

둘째로 수레를 통행시키는 일입니다. 돌아가신 상신(相臣, 정승) 김육(金堉, 1580~1658, 선조에서 효종에 이르는 문신으로 실학의 선구자로 평가됨)은 평생의 고심이 오로지 수레와 화폐를 사용하는 두 가지 시책이었습니다.

화폐를 시행했을 때에는 논의가 여러 갈래로 나뉘어 거의 중단될 뻔했는데 겨우 시행되었습니다. 신의 종고조(從高祖, 고조할아버지의 형제) 박수진이 그 일을 실제로 주관하였습니다.

지금 만약 수레를 통행시킨다면 10년 안에 백성들이 수레를 좋아하는 정도가 돈을 좋아하는 수준에 그치지 않을 것입니다. 이것이 이른바 "백성은 당연한 이치로 따르게 할 수는 있지만, 그것을 알게 할 수는 없다."라는 것이며 "백성과 더불어 완성된 것을 즐기게 할 수는 있지만 일의 시작부터 고민을 함께하는 것은 불가능하다."라는 것입니다.

농사는 비유하자면 물과 곡식이요, 수레는 비유하자면 혈맥입니다. 혈맥이 통하지 않으면 사람이 살지고 윤기가 흐를 수가 없습니다. 《의서도인(醫書導引)》에 의하면, 약의 이름에 하거[河車, 자하거(紫河車)라고도 하는데 탯줄]라는 것이 있는데 바로 이러한 뜻을 담은 것이라 할 수 있습니다. 수레와 화폐는 모두 농사와 직접 관련이 없지만 농사에 도움을 주므로 나라를 경영하는 사람은 반드시 우선 힘써야 할 것입니다.

우리나라는 옛날에 쓸모없는 선비가 없었는데 지금은 넘쳐 나고, 옛날에는 유용한 수레가 있었으나 지금은 없습니다, 이해가 상반된 것이 이렇게 극단에 이르렀으니 초췌한 백성들의 형편이 진실로 괴이할 것도 없습니다.

논의하기 좋아하는 자들은 풍속을 갑자기 바꿀 수 없으니 다만 지금의 농업을 바탕으로 형세가 변해 가는 추세에 따라야 한다고 반드시 말한 것입니다. 그러나 말만 많이 할 것이 아니라 시험해 보면 될 뿐입니다. 먼저 중국의 요양(遼陽, 지금의 요녕성 도시)에서 각종 농기구를 들여와 경사(京師, 서울)에 대장간을 설치하고, 제조 방법에 따라 쇠를 단련하여 농기구를 만듭니다. 쇠가 생산되는 먼 고을에는 관리를 파견하여 나누어 만들게 하고 이익을 거두게 함으로써 제도를 확산시킵니다.

농사법을 시험할 경작지는 면적의 크고 작음에 구애받지 말고 서울 근처에 작으면 100무(畝, 넓이가 6척이며 길이가 600척인 전답), 많으면 100경(頃, 1경이 100무에 해당) 정도로 마련합니다. 그것으로 둔전(屯田, 군대의 식량 조달을 위해 변경이나 군대 주둔지에 만든 토지)을 설치하여 농사를 잘 아는 자 한 명을 옛날 한나라 때의 수속도위(搜粟都尉, 농경과 둔전을 관리하던 벼슬아치)처럼 선발하여 관리하게 합니다. 그리고 따로 선발한 농사꾼 수십 명을 파견하여 비용을 후하게 주고 한 명의 지시를 따르게 합니다.

가을에 수확하면 그 득실을 비교해 봅니다. 한두 해가 지나면 반드시 효과를 보게 될 것입니다. 그런 후에 그 무리들을 각 도에 나누어 파견하여 1명이 10명에게, 10명이 100명에게 농사 기술을 전파하면 10년이 넘지 않아서 풍속을 바꿀 수 있습니다. 다만 시행하는 초기에는 비용이 많이 들 것이나 수년 안에 그 비용을 보상받을 수 있고, 그 효과가 멀리 미치게 되면 그 정도의 비용은 따질 것도 없습니다.

신은 세상을 떠난 신하 이이(李珥)가 10만 명을 미리 양성하자고 한 유지를 생각하고는 30만 섬의 곡식을 서울에 비축함으로써 근본을 충실하게 하고자 한 적이 있습니다. 그 대략적인 것을 말씀드리자면, 선박을 개조하여 조운(漕運)을 늘리는 것, 수레를 통행시켜 육로로 운행하는 것, 둔전을 시행하여 농업 기술을 가르치는 것입니다.

대개 경성(京城, 서울)의 민가 4만~5만이 먹을 식량과 벼슬아치와 군사의 녹봉은 모두 삼남(三南, 충청·전라·경상도)에서 해운으로 공급되는 10만여 석의 곡식에 기대고 있습니다. 사사로이 자기들이 먹으려고 저장해 둔 곡식을 제외하더라도 모름지기 20만 명이 여러 달을 먹을 수 있는 식량을 비축한 다음에야 위급한 사태가 발생하더라도 견딜 수 있습니다.

〈응지진북학의소〉

이 글에서도 거듭 수레의 중요성을 강조하고 있다. 박제가는 수레를 사용하면 농업 생산량을 높일 수 있고 각 지역에서 생산되는 생산품을 신속하게 운송할 수 있으며 그렇게 되면 백성들의 생활이 윤택해질 것이라고 생각하였다. 각 지역마다 생산되는 특산품이 전국에 퍼져야 생산자인 농민의 생활 형편이 나아질 것이며, 나아가 상업이나 운송업에 종사하는 사람이 늘어나면 놀고먹는 자들이 줄어들게 되어 궁극적으로 국가의 경제력이 향상되어 국가 경쟁력 또한 강화된다는 것이다.

즉, 농민 경제와 국가 재정에 커다란 영향을 미치는 물자 유통을 위해, 그리고 백성들의 생활에 직접적인 영향을 미치는 물가 안정을 이루기 위해서도 수레를 통한 유통의 확대를 이루어야 한다고 주장했다. 이와 함께 유생들도 농사와 같은 생산적인 노동을 하도록 하고 유통경제 부문인 상업 활동에 종사하게 함으로써 일하지 않는 노동력을 없애야 한다고 강조한다. 나아가 농기구의 개선을 위해 중국의 선진 제조 기술을 모방하고 농사 기술의 향상을 위해 일종의 실험 재배지인 둔전을 설치하자고 주장한다. 둔전에서 농사 전문가의 지도 아래 재배 기술이 개량되면 이를 전국으로 확산시킬 수 있고 그 이익은 국가 경제 전체에 미칠 것이므로 초기 비용을 아끼지 말자고도 말한다.

이렇게 농업 생산력이 늘어나게 되면 자연히 이이의 십만양병설과 같은 국방 강화에도 도움이 되고 전쟁이나 기근 등의 비상사태에 대비한 양곡의 비축도 가능하게 된다는 주장이다. 사실 상당히 합리적인 의견이었으나 이런 주장 역시 당시의 완고한 사대부들에게는 쇠귀에 경 읽기였을 뿐이다.

수레를 통한 육로 운송에 이어 다음으로는 삼면이 바다인 점을 활용하고 내륙과 강을 적절하게 연결하는 해로 및 수로 운송을 위해 선박 제작에 관해 다루고 있다. 육로와 강과 바다를 잇는 교통로가 확보되면 각종 산업이 유기적으로 연결되어 발전할 수 있다는 견해였다.

우리나라는 배를 꾸미는 것이 엉성하여 실은 물건에서 냄새가 많이 납니다. 그러니 반드시 중국의 선박 제도를 배운 후에 연해의 곡식을 배로 수송하여 한강에 도달하도록 해야 합니다. 배로 수송하는 것을 늘려도 충분하지 않으므로 반드시 육로로도 수송해야 합니다. 그러나 육로로 사람이 어깨에 짐을 져 나르거나 말 등에 실어서 수송해서는 안 됩니다. 수레를 통행시키지 않고서는 수송할 수 없습니다.

수레로 이미 통행시킨다 하더라도 사사로운 곡식까지 다 수송할 수 없으므로 반드시 둔전을 설치해야 합니다. 둔전을 설치하여 시험 삼아 옛 제도에 따라 시행한다면, 할 일은 반으로 줄어들지만 효과는 배가 되니 30만 섬의 곡식을 굳이 실어 오려고 하지 않아도 저절로 이룰 것입니다.

옛날 송나라에 심태평암(心太平菴)이라는 호를 가진 사람이 있었고, 명나라에는 〈장취원기(將就園記)〉라는 글을 쓴 사람이 있었는데, 호와 글은 모두 그렇게 되기를 바라는 뜻에서 빗대어 지은 것입니다. 저들은 모두 낮은 자리에 있어서 뜻을 펴지 못하자 자기가 지은 호와 글 속에서 이를 빗대어 지음으로써 그렇게 되기를 바랐던 것이었습니다.

지금 우리 전하께서는 영광스러운 임금의 자리에 오르셔서 백성들을 흡족하게 다스리십니다. 정치는 바르고 곧으며 지위가 높거나 낮은 자들 모두에게 마음을 쓰시니 어찌 빗대는 말로만 그치시는 분이겠습니까?

신은 농사를 담당하는 관리입니다. 제가 드린 말씀은 모두 가색(稼穡,

농사)을 경험한 이치에 따라서 논의한 것입니다. 무예·문장·교화·예악에 이르는 일들은 감히 다루지 못하였습니다. 다만 제가 바라는 것은, 고을의 백성이 편안히 살면서 생업을 즐기며, 봇도랑(봇물을 빼거나 끌어들이는 도랑)을 규격에 맞게 수리하고, 집을 깔끔하게 정비하고, 백성들의 용모나 말이 단정하고 신의가 있으며, 그릇과 의복이 견고하고 완전하며, 수목은 무성하게 자라고, 육축(六畜, 집에서 기르는 여섯 가지 짐승, 소·말·돼지·개·양·닭)이 잘 번성하는 것에 불과합니다.

남녀가 게으르지 않아 각자의 일을 맡아서 하며, 기술자와 상인들이 모여들고 도적들은 사라지며, 교량과 객사 및 뒷간은 깨끗하게 수리해서 짓고, 낚시와 사냥을 하거나 배와 수레가 다니며, 어린아이들은 병들지 않고 노인들은 노래를 읊조리는 등의 일들은, 모두 근본을 도탑게 하고 농업에 힘쓴 효과일 것입니다. 이는 집안의 살림살이가 넉넉하고 사람들이 만족한 후에 가능한 일입니다.

모든 것이 중도를 얻고 화합하며 천지가 제자리를 찾고 만물이 잘 번식하는 것도 여기에서 벗어나지 않습니다. 하나의 고을이 이와 같이 되면 온 나라에 두루 미치게 되어 풀이 바람에 쓰러지고 역참(驛站, 공무 수행을 위한 객사)의 말이 소식을 전하듯이 그에 따르는 효과는 소리가 울리는 것과 같을 것입니다. 신은 아침에 이러한 것을 본다면 저녁에 죽어도 유감이 없습니다.

신이 젊어서 연경에서 머문 적이 있어서 중국의 일에 대하여 즐겨 말했습니다. 그런데 우리나라 인사들은 지금의 중국은 예전의 중국이 아니라면서 서로 모여서 너무 심하게 비난하고 비웃습니다. 지금 제가 올린 말씀은 전부터 저들이 비난하고 비웃는 것 가운데 한두 가지에 지나지 않습니다.

또한 신이 다시 망발을 하고 있다는 조롱을 받을 것을 알고 있으나, 이것을 제외하고는 올릴 말씀이 없습니다. 쓸모가 있는 것도 처음에는 보잘것없는 것처럼 보이기 마련입니다. 하찮은 자의 사견이지만 감히 숨길 수가 없었습니다. 삼가 논설과 차기(箚記, 상소문) 등을 기록하여 28개 항목에 53개 조목으로 꾸며서 《북학의》라고 이름 지었습니다. 숭고하고 지엄한 성상을 모독하는 일이오나 살펴서 채택하시길 바라옵니다.

재능이 없어 두목(杜牧, 당나라 후기의 시인)의 〈죄언(罪言)〉(국가의 중대사를 하급 관리가 논한다는 자체가 죄가 된다고 하여 이름 지음)과 같은 글을 지어 칭찬받을 만한 능력도 없고, 학문은 왕통(王通, 수나라의 사상가)에 비하면 부끄러울 따름이니 어찌 책략을 바쳐 감히 견주겠습니까? 신은 황공하고 두려움을 감출 수 없어 삼가 죽음을 무릅쓰고 글을 올립니다.

〈응지진북학의소〉

박제가는 임금이 내린 윤음에 따라 농업 경제를 논한 글을 작성하여 올리기는 하였으나 그것이 수용되리라고는 크게 기대하지 않았다. 당시 권력을 차지하던 세력들과 사회 풍토가 그것을 받아들일

만큼 개방적이지 않음을 누구보다도 절실하게 알고 있었다. 다만 자신의 소신을 굽히지 않는 것만이 진정한 선비의 자세라고 여겼을 뿐이다.

이 글에서도 비쳤듯이 그는 북경에서 돌아와서 많은 사람들에게 중국의 진보된 풍속과 실상을 들려주었으나 대다수 사람들은 황당하게 여기고 믿지 않았다. 오히려 오랑캐를 편든다고 비방하는 자들도 허다했다. 그러나 박제가는 이에 굴하지 않고 농업 생산력의 증대와 상업의 진흥과 교통수단의 개선, 그리고 각종 제도의 개선 등에 관해 기회가 있을 때마다 끊임없이 문제를 제기했다.

정조가 비록 실질을 숭상한 개혁적인 군주라고는 하지만 두터운 수구세력의 벽을 넘기에는 역부족이었다. 당시 조선은 기득권층을 정면으로 공박한 박제가의 주장이 받아들여질 만큼 개방적인 사회가 아니었다.

어쨌든 박제가는 1778년 3월 사은 진주사로 청나라에 다녀오고 나서 그해 가을인 10월에 《북학의》를 작성하였는데, 이 글에 권두언을 써 준 사람이 그와 친분이 두터웠던 서유구의 할아버지 서명응과 북학파의 실질적 리더였던 박지원이었다.

서명응은 1782년에 《북학의》를 읽고 권두언에서 말하기를, "박제가는 기이한 선비이다. 무술년(戊戌年, 1778년)에 진주사를 따라 연경에 들어가서 중국의 성곽과 주택, 수레와 기물 등을 마음대로 관찰하였다. … 그는 우리나라에서 통용하고 시행할 만한 것이면 무엇이든지 세밀하게 관찰하여 몰래 기록해 두었다. 혹시 이해하지 못하는 것이 나타나면 이 사람 저 사람에게 물어서 의문을 해결하였다. 그 뒤 고국에 돌아와서 기록해 둔 내용을 정리하여 《북학의》 내·외편을 만들었다. 이 책에는 규격에 대한 기술이 상세하고 제작법에 대한 규명이 명료하다. 아울러 뜻을 같이하는 동료의 견해까지 첨부하였다. 한 번 책을 펼쳐서 읽으면 그 내용을 현실에 적용하여 시행할 만하다. 아! 그의 마음이 어찌 이렇게도 주도면밀하고 또한 진지하단 말인가! 차수(次修, 박제가의 자)여! 더욱 노력하기를!"라고 하였다.

박지원은 1781년에 《북학의》를 읽고 이렇게 평하였다. "내가 연경에서 돌아왔더니 초정(楚亭, 박제가의 호)이 그가 지은 《북학의》 내편과 외편 두 권을 보여 주었다. 초정은 나보다 앞서서 연경에 들어갔었다. 초정은 농사·누에치기·가축 기르기·성곽의 축조·집짓기·배와 수레의 제작에서부터 기와·대자리·붓·자를 제작하는 것에 이르기까지 일일이 눈여겨보고 마음으로 견주어 따져 보았다. 눈으로 알 수 없는 것은 반드시 물어보았고, 마음으로 견주어 따져서 석연치 않은 것이 있으면 반드시 저들에게 배웠다. 시험 삼아 한번 책을 펼쳐 보니 내가 《열하일기(熱河日記)》에 쓴 내용과 조금도 어긋남이 없어 마치 한 사람의 손에서 나온 것 같았다."

또한 그는 "이 책의 내용을 남에게 말하는 것은 결코 좋지 않다.

남들이 이 책의 내용을 믿지 않을 것이라 여겨지기 때문이다. 자신들이 믿을 수 없는 내용이라면 저들은 우리에게 화를 낼 것이다. 화를 내는 이유는 편벽한 성품에 있다. 그러나 우리가 하는 말을 믿지 않는 근본적인 원인은 중국의 산천을 여진족의 땅이라고 죄악시하는 데 있다."라고 말하기도 했다.

2장

제도와 풍속의 개혁

평민의 무리 가운데 오히려 한평생 깨끗하게 처신하며 인재 교육을 부지런하게 힘쓰는 사람이 있다. 이러한 사람은 두려움과 위축됨이 없이 행동하며 무엇을 바라고 더욱 열심히 하지도 않는다. 이들은 모두 어떤 목적이 있어서 선행을 하는 사람들이 아니며 이러한 선행이야말로 진정한 선행이라고 할 수 있다.

1. 과거 제도

과거(科擧)란 무엇인가? 인재를 뽑기 위한 것이다. 인재를 뽑는 이유는 무엇인가? 장차 그들을 쓰기 위함이다. 인재를 뽑을 때 문장을 보는 것은 문장 실력을 쓰기 위함이며, 인재를 뽑을 때 활쏘기를 보는 것은 그의 활솜씨를 이용하려는 것이다.

그렇다면 지금의 과거는 어떤가? 앞서 실시한 과거에서 합격한 자들도 아직 쓰지 못하고 있는데 뒤에 치른 과거를 통해 다시 급제자를 마구 쏟아 낸다. 3년마다 치르는 대비과 외에 반시(泮試, 성균관 유생들이 보는 시험)·절일제(節日製, 명절에 보는 시험)·경과(慶科, 국가에 경사로운 일이 있으면 특별히 보는 시험)·별시[別試, 병년(丙年)에만 보는 시험]·도과(道科, 각 도에서 보는 시험) 등 다종다양한 과거가 복잡하게 치러진다.

수십 년 동안 대과[大科, 중앙에서 실시하던 문과시(文科試)]와 소과[小科, 생원(生員)과 진사(進士)를 뽑는 시험]에서 뽑은 인원이 국가에서 정한 관직의 수보다 10배는 된다. 10배가 되는 인원을 모두 쓸 수 없다면 9할은 쓸데없이 뽑은 것이 분명하다. 인재를 쓴다는 뜻은 과연 어디에 있는 것인가?

지금 치르는 과거에서는 과체(科體, 과거 시험에 쓰는 문체)와 기예(技藝)를 통하여 인재를 시험하고 있다. 이러한 문장은 위로 조정의 관각[館閣, 홍문관(弘文館, 학술 담당 관청)과 예문관(藝文館, 왕의 칙령 및 문서 담당 관청)]에서도 쓸 수 없고 임금의 자문에도 응용할 수 없을 뿐만 아니라, 아래로는 사실을 기록하거나 사람이 성정을 표현하는 데에도 불가한 문체이다. 어릴 때부터 과거 문장을 공부하여 백발이 되었을 때 과거에 급제하게 되면 바로 그날로 그 문장은 내팽개쳐 버린다. 한평생의 정기와 알맹이를 과거 문장을 익히는 데 전부 소진하였으나 정작 국가에서는 그 재주를 쓸 곳이 없다.

〈과거론(科擧論) 1〉

어떤 목적이 있어서 선(善)을 행하였다면 그 선행은 분명히 억지로 행한 위선이다. 어떤 목적이 없는데도 선을 행하였을 경우 그 선행이야말로 진정한 선행이라 할 수 있다. 그러므로 진정한 인재를 얻고자 한다면 반드시 뜻하지 않은 방법으로 불시에 인재를 시험해야 하며, 또한 버림받은 많은 인재들 가운데서 인재를 선발해야 한다. 그런 다음에야 인재의 수가 많아져서 얼마든지 골라 쓸 수 있을 것이다.

버림받은 인재들은 스스로 선을 그어 과거 시험과 단절하고 있다. 뜻하지 않은 방법으로 불시에 인재를 시험하지 않는다면, 다소 똑똑한 사람이라면 10여 일에서 한 달 정도만 과거에 쓰이는 문장을 공부해도 충분히 합격할 수 있다. 따라서 과거 제도의 법을 잘 활용하는 사람이라면 법에 따라서 시험을 보면 중간 수준의 선비를 얻을 것이지만, 법을 벗어나 불시에 시험을 보면 높은 수준의 선비를 얻을 수 있을 것이다. 국가에서 과거 문장을 이용하여 인재를 뽑으므로 이익과 녹봉이 이것에 달려 있고, 공명(功名)도 이것에서 나오게 된 것이다. 그러므로 이 세상에 태어난 사람은 과거를 통하지 않고서는 어떤 일을 할 방법이 없게 된다.

그러나 큰 뜻을 품은 선비라면 훨훨 날아서 그런 과거 시험장에 들어가지 않고 과거를 비천하게 여겨 말도 꺼내지 않는다. 어째서 그러한가? 그런 사람은 마음속으로 이러한 과거 문장은 예전에 쓰던 것이 아니고, 과거 제도는 예전에 인재를 뽑던 방법이 아니라고 여기기 때문이다. 그가 좋아하는 것은 지금 세상과 맞아떨어지지 않고, 그가 배운 것은 자신에게 이익을 주지 않는다고 여겨서, 차라리 빈곤한 생활을 달게 받아들일지언정 차마 자신이 추구하는 진정한 학문을 버리고 과거보는 짓을 할 수 없다고 생각한다.

지금 조정에서는 문벌을 따져 인재를 기용하므로 문벌에 속하지 않은 사람은 모두 태어날 때부터 비천한 신분이다. 그러나 바위굴에서 거처하면서 춥고 보잘것없이 사는 은사(隱士) 부류나 여항(閭巷, 마을)에서 부대끼고 사는 평민의 무리 가운데 오히려 한평생 깨끗하게 처신하며 인재

교육을 부지런하게 힘쓰는 사람이 있다. 이러한 사람은 두려움과 위축 됨이 없이 행동하며 무엇을 바라고 더욱 열심히 하지도 않는다. 이들은 모두 어떤 목적이 있어서 선행을 하는 사람들이 아니며 이러한 선행이 야말로 진정한 선행이라고 할 수 있다.

지금 갑자기 과거 시험장에 모인 선비들에게 호령을 하여 "옛날에 쓰이던 시부(詩賦, 과거 시험에 쓰이는 운문)를 잘 지을 수 있는 자는 남고 그렇지 못한 자는 밖으로 나가라! 능력이 없으면서 버티는 자는 형벌에 처할 것이다!"라고 한다면 물러가는 자들이 반드시 반이 넘을 것이다. 또 호령하여 "한나라의 염철론(鹽鐵論, 소금과 철에 관한 논의)이나 치하책(治河策, 물을 다스리는 정책)과 같은 글을 지을 수 있는 자는 남고 그렇지 못한 자는 나가라! 능력이 없으면서 버티는 자는 벌을 줄 것이다!"라고 한다면 물러가는 자들이 반드시 10명 중에 8~9명은 될 것이다. 몇 차례 이와 같이 시행한다면 예전에 문이 막힐 정도로 몰려들어 시험장을 가득 채운 선비들이 반드시 사라질 것이고, 가의(賈誼, 한나라의 학자)·육지(陸贄, 당나라의 학자)·소식(蘇軾, 북송의 문장가이자 정치가) 등과 같은 학자들이 비로소 가끔씩 나타날 것이다. 그러므로 진정한 인재를 얻으려면 반드시 뜻하지 않은 방법으로 불시에 인재를 시험해야 한다고 말한 이유가 여기에 있다.

또한 온 나라에 호령을 내려 "벌열(閥閱, 나라에 공이 많고 높은 벼슬을 한 사람이 많은 집안) 이외에 재능과 덕망이 뛰어난 사람이나 한 가지 기술이나 예능이 뛰어난 사람이 있다면 반드시 천거하라! 천거한 사람에게는 상을 내릴 것이며, 그러한 사람이 있음에도 덮어 두고 천거하지 않은 사람에게는 반드시 벌을 내릴 것이다!"라고 한다면 비로소 먼 지방에서 독서하고 있는 선비나 천한 신분이지만 기이한 재능을 지닌 사람들을 모두 조정에 세울 수 있을 것이다.

《서경》에 "명철한 자를 현명하게 등용하면 미천한 사람들 중에도 인재가 나타난다."라고 한 말이나 "탕 임금이 현명한 자를 등용할 때 그 출신 지방을 따지지 않았다."라고 한 말도 이에서 벗어나지 않는다.

〈과거론 2〉

조선의 과거 시험은 원칙적으로 3년에 한 번씩 보는 정기 시험인 식년시(式年試)가 있었고, 큰 경사가 있을 때 실시하는 증광시(增廣試)와 특별한 사건이나 날을 기념해서 실시한 별시(別試), 그리고 왕이 문묘에 참배하고 직접 시험하는 알성시(謁聖試)와 같은 부정기적인 시험도 많았다. 특히 조선 후기로 갈수록 시험의 종류와 횟수가 늘어나 과거에 합격하고도 관직을 얻지 못한 사람들이 많아졌고 그에 따른 뇌물 수수나 청탁과 같은 폐단이 속출하기도 하였다. 당파 싸움이 치열해진 원인 가운데 하나도 이런 문제와 관련이 있었다.

박제가 역시 효용성이 약한 과거 제도를 개선해야 할 병폐로 꼽았다. 과거 제도는 중국과 조선 등에서 인재를 등용하고 국가를 발전시키는 데 기여한 바가 컸다. 그러나 공부의 방향을 협소한 분야로 국한시키고 특권층을 재생산한다는 점에서 그 폐단 또한 컸다. 박제가는 당시의 과거 제도가 안고 있던 병폐를 없애고 고르게 인재를 등용하는 방안의 하나로 불시에 보는 시험 제도를 제시했다.

박제가는 당시의 과거 제도가 쓸데없이 합격자 숫자만 늘려 놓고 관직에는 실제로 채용하지 않아서 무위도식하는 특권층만 양산한다고 보았고, 과거 시험에서 쓰는 문장 형식도 실용성이 없다고 지적했다. 당시 과거 시험 답안지를 책(策)이라고 하였는데 이는 중국 송나라 때 왕안석(王安石)이 시작한 팔고문(八股文)이라는 문장 형식을 따르고 있었다. 답안을 작성할 때 대구(對句)를 사용해야 하는데, 그 방식이 여덟 개의 기둥과 같다고 하여 붙여진 말이다.

시험은 대부분 사서오경에서 추려 낸 문장을 주제로 출제되었고 그 문장의 의미에 자신의 의견을 가미하여 작성하는 것이었다. 그러나 팔고문의 형식을 지키지 않으면 불합격되기 일쑤였다. 그렇다 보니 새로운 견해가 나오기보다는 진부한 내용이 대부분일 수밖에 없었다. 무엇보다 시험을 둘러싼 각종 부정 비리가 그 정도를 넘어섰고 족벌에 따른 등용 혜택까지 있어서 특권층이 아니면 관직을 얻기가 어려웠다. 그래서 박제가는 당시 시행되던 과거 문체 대신에 유교 경전의 뜻을 밝히는 문장이나 임금의 질문에 대하여 시국에 맞는 대책을 제시하는 방식으로 바꾸자고 주장했다. 아울러 시험과 시험장 관리를 철저히 해야 함을 강조하기도 했다. 무엇보다도 훌륭한 인재를 선발하기 위해서 불시에 보는 시험 제도를 도입하자고 강조했다.

　박제가는 당시의 지배 계층인 양반층이 농사일이나 상업 등의 생산적인 일에 종사하지 않으면서 오히려 해만 끼치는 존재였기 때문에 이들을 도태시켜야 할 대상으로 여겼다. 나아가 상인 집안의 자제들에게도 응시 자격을 주어 특권층을 재생산하는 병폐를 차단하고자 했는데, 이는 단순히 과거 제도를 고치자는 것이 아니라 사회 전반에 걸친 개혁을 추구한 것이라 할 수 있다.

2. 관직

　관직에 좋은 직책과 나쁜 직책이 있는 것은 나라의 본래 의도가 아니다. 이는 문벌(門閥)이 형성된 후에 그러한 구분이 생기지 않았겠는가? 어떤 사람이 얼굴은 잘났으나 소변보는 것을 싫어하여 사흘 동안 소변을 배출하지 않는다면 죽게 될 것이다. 따라서 한 몸 안에 있는 것은 그 어느 것이고 나의 것이 아닌 것이 없다. 마찬가지로 나라 안에 있는 것은 무엇이든지 우리에게 필요하지 않은 것이 없다.

　옛날 고요(皋陶)라는 자가 감옥을 관리하는 낮은 직책을 맡았다고 하여 싫어하지 않았다. 비자(非子, 蜚子)라는 자가 견수(汧水)와 위수(渭水) 근처에서 말을 돌보는 관직을 맡았지만 자신의 직책이 천하다고 여기지 않았다. 그들은 모두 백성과 나라를 위하여 자기의 능력을 다했을 뿐이다.

　지금 현령(縣令)이라는 관직은 다 같은 직책이다. 그럼에도 불구하고 어떤 고을은 이 당파의 자리이고 어떤 고을은 저 당파의 자리라고 한다. 이것은 관직의 좋고 나쁨의 기준이 관직 자체에 있는 것이 아니라 그 고을의 수입이 많은가 적은가를 따지기 때문이다. 같은 홍문관이나 예문관의 관직이라도 사람에 따라 그 지위가 높아지기도 하고 낮아지기도 한다. 이것은 관직의 좋고 나쁨의 기준이 관직 자체에 있지 않고 문벌이 높고 낮음에 있어서 그런 것이다.

원래 관직에는 좋고 나쁨의 구분이 없다. 더구나 예전에 좋은 관직이 지금은 나쁜 관직이 되었고, 예전에 나쁜 관직이 지금은 좋은 관직이 되었다고 한다. 그렇다면 좋고 나쁘다는 것은 사실 믿을 수 없는 것이다. 만일 관직에 그런 구분이 있다고 한다면 좋은 직책은 반드시 차지하려고 다툴 것이고, 나쁜 직책은 반드시 피하려고 할 것이다. 다투면 서로 쓰러뜨리려 들고, 피하면 어떤 직책은 할 일을 제대로 하지 못한다. 또한 당파를 만드는 습관이 신하들 사이에 형성되면 위에 군림한 임금에게 권위가 서지 않는다. 임금이 무슨 즐거움이 있다고 그런 구분을 만들겠는가? 그러므로 나는 관직의 좋고 나쁨이 있는 것이 나라의 본래 의도가 아니라고 말한 것이다.

〈관론(官論)〉

박제가는 〈병오년 정월에 올리는 소회〉라는 글에서 당시 조선 사회의 국가 운영 체계는 물론이고 사대부들을 포함한 사회 전체의 관습이 전면적으로 허위와 자기기만에 빠져 있음을 지적한 바 있다. 인재의 배양과 재화의 활용에 대한 방안은 찾지 않으면서 세상이 말세로 가니 백성들이 가난해진다고 핑계 대는 것은 국가의 기만이며, 지위가 높을수록 자신이 맡은 사무를 제대로 보지 않고 아랫사람에게 맡기는데 이것은 사대부의 기만이다. 또한 과거 시험을 위한 문장에만 정신을 소모하면서 세상의 책들이 볼 것 없다고 무시하니 이는 과거 시험의 기만이며, 서얼이라고 하여 아버지를 아버지라 부르지 못하게 하고, 친척인데도 노예처럼 대하면서 천하를 오랑캐로 여기고 스스로 예의니 중화니 찾는데 이는 습속(習俗)의 기만이라는 것이다.

이 글에서도 지적하듯이 관직에 나간다는 것은 자신의 능력을 발휘해 세상을 이롭게 하고 사욕보다는 공익을 위하는 일이다. 이런 측면은 공자나 맹자·주자 등 성인들이 항상 강조한 것이었다. 그런데도 관직의 높고 낮음이나 직책의 좋고 나쁨을 따지면서 문벌이나 파벌을 조성하여 개인적 이익에만 매달려 민생을 외면하는 것은 선비로서 부끄러운 일이 아닐 수 없다. 뿐만 아니라 국가에 내는 각종 세금이나 노역에서도 제외되고 형벌에서도 가볍게 처벌받는 등 사대부들은 특권층으로서 행세하는 데 머무는 것이 아니라, 과거 제도를 악용해서 문벌 가문 출신들만 시험에서 뽑는 등 국가의 공익을 위한 인재 등용의 길을 무너뜨리고 있었다. 심지어는 훌륭한 유학자를 존숭한다는 목적으로 세운 서원이 병역을 기피하고 법률을 어기는 자들의 소굴로 전락하는 등 사대부들의 폐단으로 사회 체제가 전반적으로 붕괴할 상황에 이르고 있었다. 박제가는 이런 현실을 개탄하면서 "저 놀고먹는 자들은 나라의 큰 좀벌레"라고 강력하게 비판하기도 한다.

이어서 〈관론〉에서 관직에 대한 사명감을 고취하기 위해서는 직분에 따른 적정한 녹봉을 지급해야 한다는 점도 강조했다. 그는 "관직에는 반드시 녹봉이 있고 그 수준은 반드시 경작을 대신하는 것과 같아야 한다. 그런 후에 관리에게 능력을 다 바치라고 요구할 수 있는 것이다. 만약 어떤 사람이 노비에게 종일 굶기면서 일만 시키며 부려먹는다면 주인 집 재물을 훔치지 않을 노비는 없을 것이다. 관리들도 녹봉이 적기 때문에 지위가 높든 낮든 간에 권세를 이용하여 먹을 것을 챙기고 관직을 다른 사람에게 팔기도 한다. 그러므로 지위가 낮은 관리도 권세가 있으면 부자가 될 수 있는 것은 뇌물을 받기 때문이다. 권세가 없는 자리는 비록 대신이라 할지라도 정한 녹봉만 받게 되니 가족을 부양하기에 턱없이 부족하다."라고 말했다.

"지방의 관리는 정해진 녹봉이 없다. 그런데 현령이나 현감 중에는 지위가 더 높은 목사보다 수입이 10배 이상 많은 자가 있다. 이것이 어찌 이치에 맞는 일인가? 더구나 중앙의 관리들은 녹봉만으로 생계를 꾸려 갈 수 없다. 그러니 사대부들이 지방 관직을 선호한다. 지방 관리가 되면 여러 대의 자손을 위한 재산을 장만하려고 든다. 그래서 관직을 이용하여 사욕을 채우려는 풍습이 날로 성행하여 백성의 생활이 날로 곤궁해지는 것은 필연적인 일이다."라고 지적하기도 했다.

우리나라와 대비해서 중국의 예를 들어 "중국은 우리나라와 다르다. 비록 말단 지위에도 못 미치는 관리라도 녹봉이 우리나라의 대신보다 많다. 더구나 지방 관리에게는 별도의 수당을 챙겨 주어 취임할 때나 퇴임할 때 생계를 꾸려 갈 재물을 만들어 준다. 이러한 제도를 양렴(養廉)이라 한다. 그렇게 한 다음 지나치게 많은 재물을 모은 자에게는 뇌물죄를 적용하는데, 이야말로 지극히 공정한 방법이다."라고 주장했다.

박제가는 국가의 가장 큰 병폐는 가난이라고 지적하면서, 가난에서 벗어날 길은 중국과 통상하는 방법뿐이라 강력하게 말한다. 물론 외국의 선진 문물과 제도를 들여온다고 저절로 병폐가 사라지는 것은 아니라고 말하면서 병폐의 근본 뿌리는 문벌과 붕당에 좌우되는 부패한 과거 제도를 개혁하고 능력 있는 관리를 선발하는 것이라고 주장했다. 관리들이 부패에 물들지 않으려면 관직 세습을 없애고 시대에 맞는 과거 시험 시행과 합리적인 추천제를 통해 선발된 인재들을 적재적소에 배치하고 적절한 봉급을 주어야 한다는 말이다.

3. 군대 제도

　군대는 반드시 백성들의 평상시 생활 속에서 운영하면서 준비하여야 비용이 덜 들 수 있다. 수레는 그 자체가 군대를 위한 것은 아니지만 수레를 사용하면 자연스럽게 군수 물품을 옮길 수 있다. 벽돌은 그 자체가 군대를 위한 것은 아니지만 벽돌을 사용하면 백성들을 지켜 주는 성곽을 갖추게 된다.

　모든 장인들의 기술과 목축 등의 일이 군대를 위한 것은 아니지만 삼군(三軍, 훈련도감·금위영·어영청)에서 이용하는 말과 전쟁에서 공격하는 도구나 장비를 제대로 갖추지 않거나 예리하게 정비하지 않으면 군대라고 하기에 부족하다. 그러므로 망루에서 적을 살피고 방패와 창을 잡고, 앉았다 일어서며 치고 찌르는 것들은 군대에서 지엽적인 일에 불과하다. 나라 안의 재능 있는 사람과 쓰기에 편리한 병기야말로 군대의 근본이다.

　우리나라 사람들은 빈말은 잘하면서 실속은 없다. 눈앞의 계획을 세우는 데에는 수고하지만 전체적인 틀에 대해서는 어둡다. 비록 현에서 장정들의 수를 점검하기에 지치고 주마다 병졸을 훈련시키느라 고생하지만 날마다 나라 안의 화약만 낭비할 뿐이다.

사대교린(事大交隣, 큰 나라를 섬기고 이웃 나라와 친교를 맺는다)의 행렬이 길게 이어져 있으나 다른 나라의 훌륭한 법을 한 개라도 배워 오는 자가 없다. 그러면서 저들을 비웃으면서 "왜놈"이니 "오랑캐 놈"이니 말한다. 그리고 천하 모든 나라의 사정이 우리와 같을 것이라 여긴다. 그러다가 임진년(1592년)에 일본에게 처음 패하고, 정축년(1637년)에 다시 여진에게 남한산성을 함락당했다. 이후 아홉 임금을 거치도록 맺힌 원한과 한나라 고조[유방(劉邦)]가 흉노에게 갇혔던 평성(平城)의 치욕을 지금까지 거론하지 않는데, 전혀 괴이할 것이 없다.

내가 일찍이 군사 훈련을 관람한 적이 있었다. 적군으로 분장한 사람들은 모두 지치고 약하여 쉽게 잡혀 버리니 경박스럽고 가소로웠고, 어찌 그렇게 아이들 놀음 같았는지 모른다. 지금 우리나라의 군사 제도는 번상(番上, 지방의 군사를 뽑아 중앙의 군대로 보냄)하는 방식과 관에서 무기와 갑옷을 지급하는 제도에서 대략 당나라의 부병법(府兵法, 농민으로 조직한 군대)과 비슷한데, 이는 나쁜 법이 아니다. 그러나 적들의 칼은 반드시 물건을 자르는데 우리의 칼은 쉽게 무뎌지고, 적들의 갑옷은 뚫리지 않는데 우리의 갑옷은 쉽게 구멍이 나니, 이는 쇠를 잘 단련하지 못했기 때문이다.

적들의 담벼락은 모두 견고한데 우리의 성곽은 완전하지 못하니, 이것은 벽돌을 사용하지 않았기 때문이다. 적들의 활은 비에 젖어도 상하지 않는데 우리의 활은 한 번의 실수로 불에 쪼이기만 해도 사용할 수 없으니, 이는 활을 잘못 만들었기 때문이다. 적들은 바야흐로 말을 달리고 수레를 타고서 날카로운 힘을 비축하는데, 우리는 무거운 짐을 지고 걸어서 다리의 힘이 빠져 전투를 수행할 수 없다. 이러한 처지는 다른 분야에서도 마찬가지다. 만일 위급한 일이 생겨서 100배의 힘을 쓰더라도 일을 해결하는 데 도움이 되지 않는다. 이는 예비하지 않은 과실이다.

대체로 군대란 정예병을 귀하게 여겨야지 숫자만 많은 것에 힘쓰지 말아야 한다. 지금 목사나 수령은 장부에 올라 있는 장정 수를 알지 못한다. 비록 알아도 벌열의 노비로 투탁(投託, 남의 세력에 맡김)해 있고, 지방 호족의 집에 숨어 있어 이들을 두려워하고 꺼리기 때문에 실상을 조사할 수 없다. 훈련 기일이 다가와도 잡아들이지도 못하고 미봉책으로 대신하여 다른 사람을 충원하여 훈련하는 기일에 보낸다. 그러고선 훈련이 끝날 날만 기다리다가 자신의 고을 사또 자리를 잃지 않은 것을 큰 다행으로 여긴다. 문서에는 비록 갖추고 있더라도 사람의 숫자를 제대로 알 수 없다. 또한 전투에 참여할 수 있는 병졸도 10분의 2~3 정도밖에 되지 않는다. 더욱이 투구와 병기를 완전하게 갖춘 자는 찾을 수 없다. 비록 병졸의 수가 100만이라 해도 반드시 패할 것임을 나는 알 수 있다.

내가 중국에서 관찰한 호미는 서서 사용하는 호미였다. 그 자루의 길이는 1000리 안에 어디를 가든 똑같고 날도 예리했다. 집에서 기르는 말은 열 마리 이하로 내려가지 않으므로 다른 사람에게 말을 빌릴 필요가 없다. 그들이 모두 자기 말을 타고 호미를 잡고 나간다면 우리 군대는 바람처럼 흩어질 것이다

지금 계획에서 가장 급한 것은, 수레를 운행하고 벽돌을 만들고 목축을 잘하고 고을에서 활쏘기를 장려하고 온갖 장인들의 기예를 관리하는 일이다. 그다음에 병졸의 수를 줄여 급료도 주고 세금과 부역을 징수하지 않으면, 앞서 도망간 자들이 반드시 돌아오고 세력가에 의탁했던 자들도 반드시 스스로 징집을 원할 것이다.

예전에 열 명을 선발했던 것을 한 명만 뽑아도 정예병 7만~8만 명을 얻을 것이다. 갑자기 천하에 뜻을 펼칠 수는 없지만 스스로는 충분히 지킬 수 있다. 열 명 중 아홉 명을 줄여도 군대의 힘은 지금보다 100배가 될 것이니 비용을 낭비하지 않고도 이익을 얻을 수 있다.

〈병론(兵論)〉

박제가는 과거 제도나 관료 제도와 아울러 개선해야 할 것으로 군사 제도 문제를 꼽았다. 왜란과 호란을 겪은 조선의 지식인이라면 견고한 국방을 마련하는 것이 당연한 과제였을 것이다. 군사 문제의 중

심은 국방 예산의 확충과 전투력 제고, 전략 전술의 개발 등으로 설명할 수 있다. 하지만 그는 단순히 무기를 만들고 군인을 늘리는 것만이 국방이라 생각하지 않았고 백성들의 살림살이가 풍요롭게 되고 훌륭한 선비를 양성하는 것이 곧 국방의 중심이라고 여겼다. 그 이유는 군대는 백성들의 일상생활과 밀접하게 연관되어 운영될 뿐만 아니라 백성들이 군사로 차출되기 때문이었다.

그래서 그는 잘 훈련된 군사와 군비를 제대로 갖추려면 농업 생산력 및 산업 기술이 먼저 발전되어야 한다고 주장했다. 좋은 갑옷과 창검을 제작하기 위해서는 대장장이들의 기술을 향상시키고, 말을 잘 기르고 수레나 벽돌을 제작하여 군사 물자 보급이나 성벽의 건설에 사용하려면 목동이나 공인들의 능력을 키우자는 것이었다. 나아가 재능 있는 선비를 키우면 정예병을 양성하고 군사 작전까지도 완벽하게 갖출 것이니 결국 부국강병의 길로 가는 데 지장이 없다는 것이다. 이는 오늘날의 총력안보 개념과도 상통한다고 할 수 있다.

그렇지만 당시 조선의 실정은 공리공담에만 치우치고 목전의 일에는 관심을 가지면서 전체적이고 먼 장래에 대한 것을 대비하지 못하고 있었다. 각 고을에서 실시하는 군사 훈련도 효과는 적으면서 예산만 낭비하고, 청과 일본에 가서도 보다 나은 제도를 배우려는 자세가 없었다. 더구나 각 고을의 장부에는 올라 있으나 실제로는 벌열이나 토호의 노비이기 때문에 훈련을 제대로 실시할 수 없으며, 막상 군대를 소집해도 무기와 갑옷도 제대로 갖추지 못한 자들이 허다한 실정이었다. 박제가는 이린 군사 관리의 난맥상을 지적하면서 정예병 양성을 강하게 주장했다. 현재 병력의 10분의 1만 제대로 키워도 장비나 군량 문제는 물론 동원 문제도 해결할 수 있다면서 병사들에게 급료를 지급하고 부세를 줄여 준다면 최소한 조선의 방어 문제는 충분히 해결할 수 있다고 강조했다.

4. 장례 제도

    우리나라는 정주학(程朱學, 정이와 주희의 학문, 즉 성리학)을 학문의 으뜸으로 삼고 있다. 또한 부처를 모시는 절은 있지만 도교를 숭상하는 도관(道觀, 도교의 사원)은 없다. 그래서 학문은 발전하고 이단이 없다. 그러나 오로지 풍수설이 부처나 노자를 숭배하는 종교보다 성행하여 사대부들이 그러한 설에 빠져서 풍속을 이루고 있다. 그리하여 개장(改葬, 무덤을 옮겨 다시 장례를 지냄)을 하는 것이 효도라고 여겨 무덤을 관리하는 일에 힘을 쏟고 있다.

    평범한 백성들도 사대부들의 풍속에 물들어 자오침(子午針, 나침반)을 지니고 지관(地官) 행세를 하면 1000리 길을 다닐지라도 식량을 챙기지 않아도 잘 먹고 다닐 수 있다. 전라도 일대에 이 나쁜 풍속이 가장 심하게 물들어 열 집이면 아홉 집이 지관 노릇을 한다. 이미 백골로 변한 부모를 가지고 자기의 잘되고 못됨을 점치는 것은, 벌써 마음이 어질지 못한 것이다. 게다가 남의 산을 빼앗고 남의 장례 행위를 벌하는 것은 의롭지 못하다. 그리고 사계절의 중간 달인 음력 2·5·8·11월에 사당에서 지내는 시제보다 장례식 날에 무덤 앞에서 지내는 제사인 묘제(墓祭)를 성대하게 치르는 것도 올바른 예가 아니다. 집안 재산을 탕진하고 조상의 시신을 햇볕에 드러내면서 법도에 맞지 않는 행운을 바라는 짓이 한두 가지에 그치지 않는다. 그중에서도 백성들을 생업에 편안하게 종사하지 못하게 만들고 소송(訴訟)이 자주 일어나게 조장하는 것은 지관의 큰 죄다.

지금 사람들이 개장을 할 때 무덤 속에서 발견되는 조수(潮水)의 흔적이나 곡식의 껍질, 관이 뒤집힌 것, 시신이 없어진 것 등의 현상을 보고 영험한 것으로 알고 있다. 하지만 이러한 현상은 땅속에서 늘 있는 일로, 이 세상 사람들의 화복과는 무관하다는 것을 모르고 있다. 무덤의 깜깜한 어둠 속에서는 기운이 떠돌다가 없어지거나 나타나며, 사물이 변하기도 한다. 이 역시 어디에서나 일어나는 일이 아니겠는가? 지금 부귀영화를 누리는 집안에서 조상의 무덤을 다 살피지 않았기 때문이지, 일일이 다 살폈다면 여러 가지 근심거리가 눈에 띄었을 것이다. 어떻게 그렇다고 할 수 있는가? 가난한 살림살이에다 후손이 끊긴 집안의 무덤을 파헤쳐 보면 간혹 길한 기운이 엉겨서 흩어지지 않는 현상이 나타나는데 이로 미루어 짐작할 수 있기 때문이다.

《예기(禮記)》에 "옛날에는 묘지를 잘 꾸미지 않았다."라는 기록이 있다. 땅 위에 사는 사람들이 무덤 아래에서 일어나는 현상을 모두 의심한다면 천하에 편안할 무덤이 어디 있겠는가? 이러한 행위는 효자나 어진 사람들이 인정에 끌려서 한 것이라 할 수 있다. 수장(水葬, 시신을 강물에 흘려보내는 장례 방법)·화장(火葬)·조장(鳥葬, 시신을 새에게 맡기는 장례 방법)·현장(懸葬, 시신을 높은 곳에 매다는 장례 방법)을 하는 나라에도 사람이 살고 있으며 임금과 신하가 있다. 그러므로 요수(夭壽, 일찍 죽고 오래 삶)·궁달(窮達, 가난함과 부귀함)·흥망(興亡)·빈부(貧富)는 천도(天道, 하늘의 이치)의 자연스러운 질서로, 사람이 사는 세상에 항상 일어나는 일이다. 이는 장지로 따질 것이 아니다.

요동과 계주(薊州) 땅을 보면, 모든 사람이 밭에다 무덤을 만들어 만 리에 뻗은 너른 벌판에 옹기종기 무덤이 널려 있다. 그러므로 애당초 좌청룡이니 우백호니 하는 묏자리의 지형은 차이가 없다. 시험 삼아 우리나라의 지관을 그곳에 데리고 가서 장지를 찾게 한다면 망연자실하여 평생토록 지녀 온 장지에 대한 생각을 바꾸게 될 것이 분명하다. 장례에 관해 한 가지로 규정하여 말할 수 없음이 이와 같다.

지금 운명을 말하는 사람은 모든 것을 운명에 귀결시키고, 관상을 말하는 사람은 모든 것을 관상에 귀결시킨다. 또한 무당은 모든 것을 무속에 귀결시키고, 지관은 모든 것을 장지에 귀결시킨다. 잡된 술책마다 이렇지 않은 것이 없다. 그렇다면 사람은 한 사람인데 도대체 어디에 귀결시켜야 하는가? 그러므로 그릇된 도를 믿을 수 없다는 것이다.

식견을 가진 사람이 정치의 중요한 자리에 있을 때에는 마땅히 풍수를 다룬 서적을 불태우고 풍수가의 활동을 금지시켜야 한다. 그리하여 백성들로 하여금 길흉화복이 장지와 아무 관련이 없다는 것을 분명히 깨닫게 해야 한다. 그런 후에 각 주군(州郡)으로 하여금 산 하나를 택해서 씨족에 따라 분명하게 분할하여 집안의 장지를 만들게 해서 당나라의 북망산(北邙山, 낙양 북쪽에 있는 산으로 왕족과 귀족의 묘지가 많음)과 같은 제도를 만든다. 만약 장지로 적합한 산이 없다면 인근 고을의 100리 내에 떨어진 곳을 장지로 정하는 것도 괜찮다.

장례를 치를 때에는 날을 따로 가리지 않는다. 흙과 석회를 넣어 묘를 단단하게 다지고 묘비와 지석(誌石, 죽은 사람의 생년월일과 행적 등을 적어 묘지 앞에 묻는 돌)을 정중하게 설치하고 나머지는 행하지 않는다. 이렇게 한다면 사대부들이 묘지를 다투는 일이 저절로 없어질 것이고, 거부(巨富)들이 묘지를 광활하게 차지하는 일도 쉽게 금할 수 있다. 다만 장지 정할 때 없애지 못하는 것은 정이(程頤)가 말한 다섯 가지 근심(성곽·도로·도랑·논밭으로 바뀔 만한 곳이나 벼슬아치나 세력가에게 빼앗길 만한 곳)이 있을 뿐이다. 어떤 사람은 천문설을 견강부회하여 지리설에 연결하기도 한다. 그 사람은 지리를 언급한 옛날의 학설은 모두 빼어난 지형을 대상으로 했을 뿐 화복을 말하지 않았다는 것을 모른다.

임금이 나라를 세우고 도읍을 마련할 때에는 반드시 산천의 견고함과 배나 수레의 교통 편리성, 천하의 형세를 살펴서 정해야 한다. 《시경(詩經)》에 "저 들녘의 높고 낮음을 보고 그 음양을 헤아려라."라는 구절은 지리적으로 경치가 뛰어난 곳을 두고 한 말이다. 풍수설이 아무런 근거가 없다는 것에 대해서는 이름난 선비가 이미 상세하게 논했다. 청나라의 서건학(徐乾學)이 서술한 《독례통고(讀禮通考)》의 〈장고(葬考)〉를 보면 자세하므로 다시 논하지 않겠다.

〈장론(葬論)〉

조선은 정주학, 즉 성리학을 국가의 기본 이념으로 삼고 있었다. 비록 민간에서 불교를 숭상하거나 전통적으로 전해 오는 민간 신앙이 자리 잡고 있기는 했으나 사대부들은 성리학의 합리적인 논리를 따르고 있었다. 그런데 조선 후기로 갈수록 풍수설이 성행하여 사대부들 사이에서도 하나의 풍습으로 자리 잡았다.

'풍수설'은 집이나 무덤의 위치나 방위가 길흉화복을 결정짓는다는 설이다. 예부터 죽은 사람의 묏자리를 선택하는 풍수를 '음택 풍수(陰宅風水)', 집자리를 정하는 풍수를 '양택 풍수(陽宅風水)'라고 한다. 여기서 음택 풍수는 조상의 묏자리를 잘 쓰면 자손들이 복을 받는다는 믿음에서 비롯된 것인데, 음택 풍수가 하나의 풍습으로 자리 잡으면서 권세가나 부자들은 좋은 묏자리를 위해 여러 번 묘를 이장하기도 했다. 그러나 박제가의 지적처럼 잘되는 집안의 묘지도 파 보면 물이 나오고 뼈도 검게 변해 있거나 나무뿌리가 관을 휘감고 있는 등 음택 풍수에서 금기로 여기는 일들이 허다하게 발생했다. 그것은 자연의

섭리에 따른 당연한 현상이기 때문이다.

　요즘도 일부 정치가나 재력가의 집안에서는 조상의 묘지를 좋은 곳으로 옮기면 후손들이 복을 받는다는 속설을 믿는 경우가 있으니 박제가가 생존한 당시의 세태는 오죽했겠는가? 지금도 시내 중심가의 대형 서점에 가 보면 풍수에 관한 코너가 따로 있을 정도다. 박제가 시대로 시간 여행을 할 수 있다면 지금과 별 차이가 없다는 것을 보고 쓴웃음만 나올 것이다.

3장

사회 기반 시설의 개선

한 마리의 말과 한 채의 수레가 싣는 짐이 비록 비슷하더라도 수레가 훨씬 유리하다. 끌어당기는 힘과 싣고 다니는 수고로움이 엄청나게 다르기 때문에 수레를 끄는 말은 병들지 않는다. 하물며 대여섯 마리의 말이 운반하는 것을 수레 하나로 다 운반할 수 있으니 몇 배의 이로움이 있지 않겠는가?

1. 수레의 활용

사람이 타는 수레에는 바퀴가 구르고 몸통에는 기와를 세로로 놓은 것 같은 덮개가 있다. 짐을 싣는 수레에는 굴대가 구르고 그 수레의 바퀴살은 공(卄) 자처럼 생겼다. 수레 몸체의 밑바닥과 굴대가 맞닿는 곳에는 반달 모양의 쇠를 끼우는데 짐을 나른 후에 뽑아낼 수 있다. 쇠를 만드는 방식은 쇠의 뒤편을 어금니 모양으로 만들고 위는 넓고 밑은 뾰족하여 마치 관(棺)을 들 때의 고리와 비슷한데, 옆으로 끼우면 빠지지 않게 되어 있다.

사람이 타는 수레를 태평거(太平車)라고 부른다. 바퀴 높이는 사람 가슴 높이 정도로, 대추나무로 다듬어 만들고 가장자리는 쇠로 둘렀다. 또 작은 버섯처럼 생긴 쇠못을 바퀴 둘레에 박아서 맷돌처럼 땅에 부딪쳐서 마모되는 것을 방지하였다.

수레에 놓인 집의 길이는 사람이 누우면 정강이가 밖으로 나올 정도이나 앉으면 두 사람이 햇볕을 가릴 수 있는 발[렴(簾)]을 드리울 수 있다. 장막의 재료는 푸른 베를 많이 사용하고 간혹 비단을 쓰기도 한다. 여름에는 사방에 모두 발을 쳐서 마음대로 걷을 수 있도록 만들었다. 장막 좌우에는 작은 창문 같은 네모난 구멍을 뚫어 단추를 이용하여 열고 닫도록 하였다. 어떤 것은 창문에 유리를 붙이기도 하고 채색한 대나무 발을 만들어서 밖을 내다볼 수 있도록 하였다.

수레 앞쪽에는 널판을 가로로 깔아서 마부가 앉을 수 있게 하였는데, 가끔 수레 안에 있던 사람이 나와서 앉기도 한다. 노새나 나귀 한 마리가 멍에를 매는데, 먼 길을 갈 경우에는 그 숫자를 늘린다. 수레 뒤쪽에도 한 사람이 앉을 수 있고 끌채에도 각각 한 사람씩 걸터앉을 수 있다. 어떤 때는 마부가 걸으면서 말을 몰다가 진흙탕을 만나면 슬쩍 뛰어올라 걸터앉아서 지나가기도 한다. 수레 하나로 다섯 사람은 충분히 태울 수 있다.

짐 싣는 수레를 대거(大車)라고 한다. 바퀴 높이는 태평거와 같으나 약간 두껍게 만들었다. 물건을 다 실은 후에 그 위에 배의 지붕처럼 씌우는 거적 같은 갈대 자리를 덮고 그 위에 앉기도 하고 눕기도 한다. 수레는 대여섯 마리의 말이 끄는데, 남는 말이 있으면 수레 뒤쪽에 매어서 끌고 가다 간간이 바꿔 매게 하여 피로한 말을 쉬게 한다. 마부는 긴 낚싯줄 같은 채찍을 들고 힘쓰지 않는 말을 때린다. 말의 귀나 옆구리를 쳐서 마음대로 부리는데 그 채찍 소리는 골짜기를 울린다. 수레 옆에는 요령을 달았고 말의 목에도 작은 방울을 많이 달아 딸랑거리면서 밤

길을 조심스럽게 가도록 하였다. 이들은 산서(山西, 중국 태항산의 서쪽 지역) 지방의 상인들로 국경의 관문(關門)을 지나는 자들이다.

외바퀴 수레는 소규모 상인들이 많이 이용하는데, 바퀴는 쇠로 두르지 않았고 조금 작고 얇다. 수레의 몸체는 앞쪽이 넓고 뒤쪽은 좁아서 겨드랑이에 끼고 몰 수 있게 하였다. 바퀴의 반이 수레 위쪽으로 올라오고 그 형태에 따라 반쪽짜리 북처럼 덮개로 막았는데, 이는 진흙이 튀어 들어오는 것을 막기 위해서다. 좌우에는 활 모양의 나무를 달아 놓았는데, 이는 짐을 실은 다음 가운데에 끼워 묶어 난간처럼 사용하기 위한 것이다. 또 공(廾) 자 모양의 것을 뒤에 붙여 놓았는데, 이는 수레가 움직일 때마다 항상 들려 있고 멈추면 함께 멎어서 수레가 기울어지지 않게 한다.

한 사람이 뒤쪽에서 밀고 가지만 짐이 무거우면 한 사람이 앞에서 닻줄을 당기듯 하는데, 말 두 마리에 싣는 짐의 양과 맞먹는다고 한다. 예전에 부인 네 명이 좌우에 앉아 있는 것을 보았고, 물을 동서로 각각 여섯 통을 싣고 가는 것도 보았다. 돛을 달아 바람을 받으면서 가는 것도 보았는데, 이것은 배의 돛과 같은 구실을 한다고 생각되었다.

〈거(車)〉

텔레비전에서 상영하는 역사 드라마를 보면 조선 시대에 쓰던 수레와 가마가 나오는데, 특히 사람을 태우고 가는 가마의 경우 노비나 하인이 두 명에서 네 명씩 짊어지고 가기 때문에 옛사람들은 무척이나 고생을 많이 했겠구나 하는 생각이 들 것이다. 그래서 고위 관료의 가마 행차 모습을 보면 화려하기보다는 안쓰럽다는 기분이 들곤 한다. 왕실 행사와 관련한 행차는 더욱 대단할 것이니 그 시대를 겪은 박제가는 이런 점을 더 절실하게 느꼈을 것이다.

평소 그러한 생각을 염두에 두던 그가 처음 청나라의 수도인 연경에 도착했을 때, 거리에는 수많은 인파가 북적이고 거리 좌우에 길게 늘어선 각종 상점 등은 그야말로 놀랍고 신기했을 것이다. 특히 쿵쿵거리는 바퀴 소리를 내며 거리를 오가는 말이나 나귀가 끄는 수레는 그야말로 신기한 구경거리였을 것이다. 《북학의》를 펼쳐 보면 어째서 수레에 관한 내용이 그렇게 많고 또 이토록 자세하게 기록했을까 하는 의구심이 들 정도인데, 그 이유는 분명 수레의 유용성을 직접 관찰했기 때문으로 보인다.

박제가는 나라의 경제를 살리기 위해서 상업의 중요성을 강조했는데, 상업은 농업과 달리 사람과 물건의 빈번한 이동이 발생하기 마련이었고 원활한 유통 구조를 통해서만 이윤을 남길 수 있는 것이었다. 그런데 당시 조선의 이동 수단은 사람이 직접 머리에 이거나 지게를 통해 등에 지거나 우마차를 이용하는 정도였다. 그러나 보다 많은 인원과 물건을 쉽게 옮기려면 무엇보다도 배와 수레를 이용하는 것이 가장 확실했지만 당시 조선의 도로 사정이나 말과 나귀 등의 목축업

수준은 물론 수레를 만드는 장인들이나 쇠를 다루는 대장장이 등의 기술 수준이 낮아서 수레를 사용할 형편이 되지 못했다. 그렇기 때문에 청나라에 가서 박제가의 눈에 가장 먼저 눈에 들어온 것이 배와 수레였을 것이다. 그는 기술자가 기계의 도면을 그리는 것처럼 세밀하게 살핀 내용을 기술했다.

많은 사람들이 《북학의》를 처음 보고 고매한 철학 사상이나 외국의 풍물에 대한 문학적인 감회가 등장하리라 기대했다가 수레나 배, 벽돌이나 기와와 같은 사실적인 기록만 있어 다소 실망할 수도 있다. 사실 《북학의》 어디에도 사상이나 철학에 대한 언급은 없고 당장 조선 사회에서 사용해야 하는 실질적인 물품이나 재화, 제도 등에 대한 이야기들뿐이다. 서문에 이은 첫 목차에 '수레'를 거론했다는 점에 주목할 필요가 있다. 그것은 바로 수레야말로 조선이 처한 당시의 현실을 바꿀 가장 근본적인 원동력이라고 보았기 때문일 것이다. 그는 수레라고 하는 운송 수단 하나가 이후 다른 모든 것들에 영향을 미쳐 사회 전반의 변화를 이끌어 낼 것이라고 전망했다.

실제로 수레가 사용된다면 자연스럽게 도로가 만들어지거나 정비될 것이고, 각 지방에서 생산된 재화들이 유통되면서 시장이 형성되고 권력자와 결탁한 일부 특권 상인들의 유통 독점권이 사라질 것이며, 이는 곧 농업 생산력이나 기술 등 산업의 발전으로 이어질 것이다. 현대 자본주의가 시작될 무렵 가장 먼저 상업과 유통이 발전했던 것과 같은 이치다. 재화를 아무리 많이 생산하더라도 소비자에게 제대로 유통되지 않는다면 아무 소용 없는 것이다. 그래서 고속도로를 보고 그 나라의 혈맥이라고까지 부르는 것이다. 박제가의 시각에서 보면 조선에는 이 혈맥 자체가 부재했다. 그러니 상업과 산업의 바퀴가 제대로 굴러가려면 먼저 수레를 굴리는 것에서부터 시작해야 한다는 것이 그의 굳은 믿음이었다.

―――――――――

연경에는 대낮에도 수레바퀴 구르는 소리가 쾅쾅거리는데 마치 우레치는 소리와 같았다. 거리를 한가롭게 걷노라면 좌우에서 손님을 부르는 수레꾼들이 무리를 이루면서 수레 타기를 권하곤 하였다. 그들은 각기 수레를 멈추어 놓고 말에 멍에를 씌운 채로 기다리고 있다가 돈을 받고 사람을 태우는데, 값이 비싸고 싼 것은 수레와 말을 꾸민 장식에 달려 있다.

대략 10리 거리에 50~60전(錢)을 받는데, 두 사람이 탈 때에는 3분의 1을 더 내야 한다. 우리나라 돈으로 환산하면 동대문 밖 교외나 용산, 서강 등지로 가더라도 30~40문(文)을 넘지 않을 것이다. 나귀를 빌리는 값은 10리에 10전이다. 연경은 사람이 많기 때문에 값이 비싸다.

수레 안에서는 독서를 할 수 있고 손님과 대화도 나눌 수 있어 움직이는 집이라 할 수 있다. 나는 유리창(琉璃廠, 유리나 기와, 벽돌을 만드는 공장 부근에 시장이 형성된 북경의 거리) 서남쪽에서 이덕무와 자주 수레를 탔다. 또

국자감(國子監, 중국의 최고 교육 기관)·옹화궁(雍和宮, 청나라 황실 전용 라마교 사원)·태액지(太液池, 북경에 있는 황실 정원)·문산묘(文山廟)·법장사탑(法藏寺塔) 등을 사신들과 함께 수레를 타고서 다녔다.

수레는 하늘을 본떠서 만든 것으로 땅에서 운행한다. 온갖 물건을 싣기 때문에 그 이로움은 엄청나다. 그럼에도 불구하고 오직 우리나라에서는 운행하지 않는 이유는 무엇일까? 곧잘 사람들은 산천이 험하고 막혀서 그렇다고 한다. 그러나 신라나 고려 이전에 수레를 이용하지 않았을 리가 없다. 중국의 험하기로 유명한 고갯길 이름을 빌려서 검각(劍閣)·구절(九折)·태행(太行)·양장(羊腸)으로 불리던 수레도 있었다.

〈거〉

박제가는 중국의 다양한 수레를 세심하게 살펴보았다. 당시 중국에는 사람이 타는 수레가 있는가 하면 짐을 싣는 수레가 있었고, 사람이 끌거나 말이 끄는 수레를 비롯하여 돛을 단 수레도 있었다. 수레의 종류뿐만 아니라 수레의 세밀한 부분도 지나치지 않고 자세히 보고 기록하여 마치 설계도를 보는 것처럼 묘사했다.

단순히 수레를 사용하는 것이 중요한 것이 아니라 수레를 일정한 규격으로 제작하는 것이 중요했는데, 부품을 규격화할 수 있기 때문이다. 부품의 규격화는 고장이 나면 언제든지 쉽게 교체가 가능하니 비용과 시간을 절약할 수 있어서 더욱 효과적이었다. 그래서 박제가는 수레의 장점을 설명하면서 수레의 규격과 제작법을 자세히 기술한 것이다.

중국의 수레를 본 박제가는 수레를 제대로 활용하지 못하고 사용한다 해도 기능과 수준이 떨어지는 조선의 현실이 매우 안타까웠다. 그런데도 수레의 사용을 반대하는 사람들은 "조선의 지형은 산이 많아 수레 사용이 불가능하다."라고 주장한다. 이에 대하여 "중국의 성도(成都)같이 험난한 지역에도 마차가 잘 다니는데 유독 조선만 안 된다는 것은 어불성설이다."라고 반박하고 있다.

시골과 같은 조선에서 온 박제가로서는 연경의 모든 것이 진풍경이었을 것이다. 문화적 분위기는 물론 성숙하고 화려한, 그야말로 번영의 기운을 체험할 수 있었기 때문이다. 나아가 그는 단순히 수레의 모양이나 그것을 이용하는 사람들의 겉모습만 관찰한 것이 아니라 그 이면에 감추어진 물질적·정신적 측면들을 차근차근 살펴보았다. 그래서 다음과 같이 묘사하고 있다.

우리나라는 동서로 1000리이며 남북은 그 세 배다. 서울은 그 중심에 있어 사방에서 모여드는 물자는 가로로 500리, 세로로 1000리에 불과하다. 또 삼면이 바다로 둘러싸여 있으니 바다와 가까운 곳은 배로 통행하면 육지에서 거래하는 자는 멀어도 서울까지 대엿새 정도의 길에 불과할 것이고, 가까우면 이틀이나 사흘 정도밖에 걸리지 않을 것이다. 한쪽 끝에서 다른 쪽 끝까지 간다 해도 그 두 배 정도다.

만약 당나라의 관리였던 유안(劉晏, 715~780)이 시행했던 것처럼 걸음이 빠른 자를 각 처에 배치하면, 전 지역의 물가를 며칠 안으로 고르게 조정할 수 있을 것이다. 산골에는 산사나무 열매를 담가서 그 신맛으로 메주를 대신하는 자가 있으며, 새우젓과 조개젓을 보고는 이상한 물건이라 생각한다. 그들이 왜 이렇게 가난한 것인가? 그것은 수레가 없기 때문이다.

전주의 어떤 상인이 처자식을 데리고 생강과 참빗을 팔려고 걸어서 의주까지 간다고 하자. 이익은 곱절이 되겠지만 기력이 길에서 소모되어 가정에서의 즐거움을 누릴 시간이 없게 된다. 원산에서 미역과 마른 생선을 말에 싣고 왔다가 사흘 만에 다 팔고 돌아가면 적은 이익이 남을 것이고, 닷새가 걸린다면 본전만 하게 되고, 열흘을 머문다면 본전에서도 크게 줄어든다. 돌아갈 때 싣고 가는 물건으로도 큰 보탬이 되지 않고 이익이 크지 않으니, 머무는 동안 말에게 든 비용이 너무 많기 때문이다.

그러므로 영동 지역에서는 꿀은 생산되어도 소금이 없고, 관서 지역에서는 철은 생산되어도 감귤이 없으며, 함경도 지역에서는 베는 잘되어도 무명은 귀하다. 산골에서는 팥이 흔하고, 바닷가에서는 젓갈과 물메기가 싫어할 정도로 넘친다. 영남 지역의 오래된 절에서는 질 좋은 종이를 생산하고, 청산(靑山, 지금의 충북 옥천군 일대)과 보은은 대추나무가 많으며, 한강 입구의 강화에서는 감이 많이 나건만, 백성들이 물자를 서로 교환하여 풍족하게 살려고 해도 힘이 미치지 못하는 실정이다.

어떤 사람은 말을 이용하면 되지 않겠냐고 하지만, 한 마리의 말과 한 채의 수레가 싣는 짐이 비록 비슷하더라도 수레가 훨씬 유리하다. 끌어당기는 힘과 싣고 다니는 수고로움이 엄청나게 다르기 때문에 수레를 끄는 말은 병들지 않는다. 하물며 대여섯 마리의 말이 운반하는 것을 수레 하나로 다 운반할 수 있으니 몇 배의 이로움이 있지 않겠는가?

또 등에 짐을 싣고 다니는 말은 안장을 고정시키기 위해 잡아당긴 끈 자국이 배에 패어 있고 초췌하여 사람이 탈 수 없다. 그러므로 좋은 말을 기르는 사람은 모두 집에서 놀고먹는 사람이다. 나귀나 말 한 마리를 먹이려면 매일 사람이 먹는 비용보다 곱절이 든다. 주인이 나가지 않아서 짐승의 힘을 쓸 곳이 없으면 도리어 짐승한테 부림을 당하는 격이다. 맹자가 말한 것처럼 "이는 짐승을 끌고 와서 사람을 먹이는 셈이다."

〈거〉

이 글에서 말하는 것처럼 우수한 품질의 지역 특산물이 아무리 많이 생산될지라도 물류가 제대로 이루어지지 않으면 소용이 없다. 예컨대 충청도 영동 지방에서는 꿀이 많이 생산되나 소금이 없고, 평안도를 비롯한 관서 지방에는 철이 생산되나 감귤이 없고, 함경도에는 삼베가 흔하나 무명이 귀한 경우처럼 된다. 백성들이 물자를 서로 교류하여 풍족하게 쓰려고 하여도 어찌할 도리가 없으니 더욱 궁핍할 수밖에 없다는 것이다.

그래서 수레를 이용한다면 수레 한 대로 많은 물건을 운반할 수 있고 몇 배의 이익을 남길 수 있으니 자연스럽게 살림살이가 풍요로워진다는 논리다. 국내에서 교류하는 것뿐 아니라 사신들이 행차할 때나 사람들이 여행할 경우에도 짐을 짊어지고 걸어가는 일이 없기에 행렬의 속도도 빠르고 사람의 수고로움도 훨씬 덜게 된다는 것이다.

이처럼 박제가는 청나라가 발전할 수 있던 비결을 운송 수단인 수레에서 찾았다. 사람이 말을 타면 한 명밖에 탈 수 없지만 마차를 끌 경우에는 여러 명이 탈 수 있듯이, 수레가 열 마리 말의 몫을 한다면 나머지 아홉 마리는 잉여 자원이 된다. 이러한 잉여 자원은 다른 분야로 활용할 수 있고 그것이 점차 누적되면 결국 나라를 부강하게 만들 수 있다.

그런데도 당시 조선에서는 수레를 제대로 활용하지 않아서 물자를 운반하려면 말이나 소와 같은 가축이나 사람의 힘을 필요로 했다. 이 과정에서 짐승들은 무거운 짐 때문에 무리가 와서 그 힘을 제대로 발휘할 수 없었고 게다가 짐승을 부리는 인력까지 필요하니 이 또한 비용이 추가되는 것이었다. 사람의 경우에도 짐을 직접 어깨에 메거나 짊어지기 때문에 체력 소모가 커서 많은 물자를 운반할 수 없는 것은 마찬가지였다. 더구나 이동하는 과정에서 비용도 많이 들게 되니 경제성도 떨어지게 마련이었다. 박제가는 이러한 조선의 실정을 지적하면서 수레의 사용을 더욱 강조한다.

사신의 행차에 대해서 말하더라도 세 명의 사신과 비장(裨將, 장군이나 사신을 수행하는 무관)·역관(譯官, 통역관)·정관[正官, 질정관(質正官)을 말하며 사신을 수행하는 관리]은 각각 역마(驛馬, 역참의 말)와 쇄마(刷馬, 지방 관청의 말)를 타고 간다. 상인과 모든 사령(使令, 심부름꾼)과 물자를 제공하는 사람을 제외하더라도 걸어서 따라가는 사람들이 말의 수보다 배가 된다.

만 리 길을 가면서 사람들에게 걸어서 따라오게 하는 것은 오직 우리나라에만 있는 일이다. 단지 걸어서 따라갈 뿐 아니라 반드시 사신 행렬의 곁을 떠나면 안 되게 하니 빨리 가든 천천히 가든 말의 속도와 같아야 한다. 그래서 마졸(馬卒, 마부)로 중국으로 들어가는 사람들은 모두 죄수들처럼 봉두난발(蓬頭亂髮, 머리카락이 흐트러져 몹시 산란한 머리, 쑥대머리)을 하고서 마른 땅과 질퍽한 땅을 가리지 않고 가야 하니, 다른 나라에서 부끄러움을 당하는 것이 이보다 더 클 수는 없다. 또 지나치게 땀을 흘리고 숨이 가빠도 감히 쉴 수 없으니, 우리나라의 하인이나 일꾼들이 질병에 걸리는 것은 모두 이 때문이다.

일본의 도쿠가와 이에야스[덕천가강(德川家康)]는 "물건을 지나치게 실어서 소나 말이 많이 다친다. 이는 어진 사람의 정치가 아니다. 지금부터 제한을 두어 몇 근 이외에 더 싣는 일이 있어서는 안 된다."라고 하였다. 일본에서는 짐승까지도 이런 대우를 받는데 어찌 우리나라에서는 사람을 이처럼 대한단 말인가?

예전에 중국의 어떤 관리가 작은 가마를 타고 가는 것을 보았는데, 가마의 지붕은 화려한 푸른 비단으로 둘러쳤고 장막은 엷은 비단 종류를 사용하였다. 창문은 유리로 되어 있고 가마 안에는 의자 한 개가 놓여 있으며 그 앞에 작은 책상을 놓고 앉아서 책을 보고 있었다.

가마 중간에 가로로 막대기를 꿰어 놓았기 때문에 옆에서 호위하는 자가 없어도 기울어지지 않고, 앞뒤에서 각각 두 사람이 메고 갔다. 가마를 메는 방법은 끈으로 양쪽 가마채를 가로지르게 묶고 작은 나무를 사용해서 그 끈을 들어서 멘다. 가마가 누르는 힘이 묵직하지만 힘을 분산시켜 짓누르지 않는다. 가마 행차는 편안하고 빠르게 움직였다. 이를 본 사신들은 우리나라의 쌍교(雙轎, 말 두 마리가 각각 앞뒤의 채를 메고 가는 가마)가 이 가마보다 못하다고 탄식하였다.

그 뒤에는 큰 수레 한 채에 열아홉 명이 함께 탔고, 말 다섯 마리에 멍에를 씌워 수레를 끌고 관리를 따라가게 하였다. 대개 역마와 인부를 번갈아 가면서 5리 또는 10리마다 한 번씩 교대하여 그 기운이 살아 있었다. 인부들의 힘을 이용하면서 종일 말을 따라가느라 먼저 지치게 하면 관리 자신도 편할 수 없다. 그러므로 수레를 이용하면 말을 더 늘리지 않아도 사신 일행 중에 걸어가는 사람이 없게 되고, 아래로는 인부들이 병들지 않는 효과가 있으며, 위로는 인부들의 왕성한 힘을 얻을 수 있다.

또 우리나라의 이품 이상의 문신은 초헌(軺軒)이라는 높은 외바퀴의 수레를 탄다. 바퀴는 작으면서 높이는 한 길이나 되어 바라보면 마치 사다리로 지붕에 오른 모습 같아 말할 수 없을 정도로 위태롭다. 움직일 때는 다섯 명이 아니면 안 되고 또 반드시 따르는 사람이 있어야 한다.

옛날에 수레를 만드는 것은 수레 하나로 여섯 명을 태우려 한 것인데, 지금 초헌이라는 수레는 여섯 명이 걷고 한 명이 탄다. 어떤 사람이 말하기를, "귀한 사람이 천한 사람을 부리는 것은 세상의 변하지 않는 법칙이고 예나 지금이나 통하는 이치다."라고 하였다. 그러나 귀천이란 이런 것을 두고 말하는 것이 아니다. 옛날에 제왕이 귀천을 분별할 때에도 모두 실용을 앞세우고 겉치레를 뒤로하였다.

《한서(漢書)》에 주륜(朱輪, 붉은 칠을 한 바퀴가 달린 수레로 신분이 높은 사람이 탐)과 반주륜(半朱輪)의 등급이 있었으나 타는 것은 같았고 《주례(周禮)》에 융거(戎車, 전쟁용 수레)·전거(田車, 사냥용 수레)·택거(澤車, 진창용 수레)·육거(陸車, 육지용 수레)라는 다른 종류의 수레가 있었지만 물건을 싣는다는 점에서 같다.

〈거〉

삼국 시대의 고분 벽화나 고려 시대의 유적을 보면 우리나라에서도 예부터 수레를 널리 사용했음을 알 수 있다. 그런데 조선 시대에는 어째서 수레나 마차가 실용화되지 못한 것인가? 당시 관리들은 조선에 산이 많아 수레를 사용하기 어렵다고 변명했으나 사실은 빨리 달리거나 급하게 움직이는 것을 비천하게 여기는 당시의 정서적 성향과 밀접한 관계가 있었다. 신분이 높은 양반일수록 빠른 수레보다 하인들이 천천히 메고 가는 가마를 더 선호했으니, 백성들이 널리 사용해서 이로움을 줄 수 있는 애민의 가치보다 자신들의 사적인 정서적 취향을 더욱 중요하게 여겼다고 할 수 있다. 이렇게 백성들의 삶에 필요한 기술과 실용성을 비천하게 여긴 것은 당시 양반 문화의 고질적인 병폐이기도 했다.

이에 비해 박제가의 눈에 비친 중국의 광경은 아주 다른 것이었다. 바퀴 달린 수레가 거리를 활보하고 있고 집집마다 수레 한 대씩을 갖추고 있어 편리하게 사용하고 있으며 수레의 몸체를 단단하게 고정시켜 말이 끌고 갈 수 있게 하여 힘들이지 않고 많은 물자를 싣고 다녔다. 이런 모습을 보면서 그는 수레의 도입이 시급하다는 사실을 깨달았을 것이다.

예나 지금이나 국민의 생계 문제는 나라가 해결해야 할 최우선 과제다. 그렇다면 정치를 하는 자들은 실질적으로 민생에 도움이 되는 구체적인 방안을 마련하고 이를 실행하기 위해 노력해야 할 것이다. 그래서 박제가는 청나라처럼 많은 물자를 편리하게 실어서 나를 수 있는 수레를 보급하고, 수레가 다닐 수 있도록 도로를 정비해야 한다고 주장했던 것이다. 수레와 더불어 그는 배와 다리, 성곽과 같이 생산 활동을 촉진하는 사회 기반 시설을 건설하는 것부터 시작하여 무역과 군사·외교 문제에 이르기까지 방대한 사회 개혁안을 제시했다.

2. 배의 활용

중국의 배는 안이 건조하고 깨끗하여 물 한 방울도 없어 곡식을 실을 때 곧바로 안에다 쏟아붓는다. 그리고 반드시 가로로 판자를 깔아 놓아 사람이든 말이든 물을 건너는 자들 모두 그 위에 앉도록 하고, 빗물이나 말의 오줌이 배 안으로 고이지 않는다.

배를 대는 언덕에는 모두 다리가 놓여 있고, 멀리 가는 배는 지붕이 있고 다락이 있으면 3층 정도 높이다. 배 뒤쪽에는 추켜올린 곳을 뚫어 치미(鴟尾, 용마루 양쪽 끝머리에 얹는 기와)를 꽂았다.

통주(通州, 지금의 북경시 통주구) 동쪽에 위치한 노하(潞河)는 연경과의 거리가 40리가 되는데, 남쪽으로 바로 고해(沽海)로 통해서 모든 조운선이 들어온다. 이곳에서부터 100리 사이에 배의 돛대가 대나무 숲보다 더 빽빽하다. 깃발 위에는 큰 글씨로 절강·산동·운남·귀주(모두 중국의 성 이름) 등의 이름을 써 놓았다.

산동의 관리인 하유성(何裕城)이라는 자를 만났는데, 소미(小米, 좁쌀) 30

만 석의 운송을 감독하는 자로 마침 배 안에 있었다. 곡식을 운반할 때에는 배마다 각기 면직물로 만든 자루를 준비해서 이곳에 이르면 비로소 분류하여 가마니 단위로 자루에 담아 작은 배를 이용하여 옥하(玉河)로 운반하였다.

그 배는 크고 화려하여 사신과 나, 그리고 이덕무가 올라가 보았다. 배의 길이는 10여 길이나 되었는데, 무늬가 있는 창문과 채색한 누각이 높다랗게 솟아 있었다. 그 안에는 내실이 있고 위에는 다락, 아래에는 창고가 있었다. 각종 서화와 현판 그리고 휘장과 침구류가 있었고, 향기가 그윽하고 아늑했다. 구불구불 가로막혀 있어 그 길이가 얼마나 되는지 헤아릴 수 없었다. 우리가 배에 올랐을 때 부녀자들이 깊숙한 곳에서 바라보고 있었다. 수를 놓은 저고리에 보석으로 머리를 치장했는데 그의 가족이라 하였다.

그는 우리에게 의자를 마련하였고 차를 내오라 한 후 향을 피우면서 필담(筆談)을 나누었다. 발을 드리운 창 밖으로 때마침 갈매기가 날고 구름이 연기처럼 흩어지고 누각이 있는 집과 사람들이 보였다. 또한 모래 언덕과 돛단배가 나타났다 사라지곤 하여 물 위에 있다는 것을 잊고, 마치 산림 속에 몸이 있으며 단청을 한 실내를 구경하면서 노니는 것 같았다. 이 정도의 배라면 비록 바람이 불고 파도가 치는 만 리 바닷길에서 위험이 닥치더라도 어찌 바다에 배를 띄우고 멀리 가는 것을 꺼리겠는가? 많은 중국인들이 먼 곳을 여행하는 것은 당연한 일이었다.

우리나라는 수레의 이로움을 완전히 잃어버렸을 뿐만 아니라 배도 제대로 이용하지 못하고 있다. 배로 들어오는 물을 막나, 빗물을 막기를 하나, 짐을 많이 싣기라도 하나, 사공의 힘이 덜 들기를 하나, 그렇다고 배에 태운 말이 위태롭지 않기를 하나, 이 중에서 하나도 괜찮은 것이 없다.

대체로 배라는 것은 물에 빠지는 것을 막기 위한 것인데, 지금 우리의 배는 나무를 정밀하게 깎지 않아서 그 틈으로 새어 들어온 물로 항상 가득 차 있다. 배에 탄 사람의 정강이는 냇물을 건너는 것처럼 젖어 있고 물을 퍼내느라고 날마다 한 사람의 힘을 쏟아야 한다. 곡식을 곧바로 실을 수 없어서 볏짚으로 짠 거적을 쌓고 그 위에 올려놓는데, 이때 볏짚의 양이 곡식의 곱절이나 된다. 그렇게 하더라도 밑에 있는 곡식은 오히려 물에 젖어 썩을 염려가 있다.

사람이 앉는 자리는 싸리나무를 따리 모양으로 틀어 만들었는데, 울퉁불퉁하여 편하지 않아 하루 정도 배를 타고 유람하면 꽁무니가 여러 날 아프다. 또 가을에서 겨울로 접어들 때에는 덮개를 갖추지 않아서 서리를 그대로 맞고 있어야 한다. 이렇듯 온갖 형태로 고생을 하니 도무지 배를 타는 즐거움이란 없다.

또한 가로로 판자를 놓지 않아 사람과 물건이 함께 있어야 한다. 그래서 물건을 가득 싣지도 못하고 높이 쌓을 수도 없다. 덮개가 있어도 짧고 모자라서 배의 고물(뒷부분)과 이물(앞부분)을 가리지 못해서 비가 오면 배가 오히려 빗물을 저장하는 그릇이 된다.

 더구나 배를 대는 물가에는 다리가 없어서 사람은 업어서 태우고 말은 뛰어서 들어가게 한다. 지금 다리를 놓아야 할 높은 곳을 뛰어서 가로로 건너지른 널판이 놓이지 않은 깊은 배 안에 들어가니, 다리가 부러지지 않은 말이 몇이나 되겠는가? 그러므로 '배를 잘 타는 말'과 '배를 잘 타지 못하는 말'이라고 일컫게 된 것은 배 닿는 곳에 다리가 없기 때문이다.

 지금 제주에서 공물로 바친 말들이 대부분 야위고 병들어 죽은 것도 많다. 이는 대개 배 안이 평평하지 않아 틀에다 바짝 옭아매어 두어서 그 기질과 본성에 어긋나게 했기 때문이다. 마구간에 깔아놓는 널빤지를 사용하는 것에도 물과 뭍의 차이가 있는데, 이것은 배를 제대로 만들지 않기 때문이다. 유구(琉球, 오키나와)의 말이 복건성의 시장에서 팔리는데 이 역시 배를 타고 온 것이다. 만약 제주의 말과 같은 처지였다면 어찌 교역을 할 수 있겠는가? 이는 아마도 말을 싣고 오는 올바른 방법이 있어서일 것이다.

 만약 중국의 배가 표류해서 우리나라의 해안에 정박하게 되면 연안의 여러 고을에서는 반드시 그들이 타고 온 배의 구조와 그 밖의 기술을 상세하게 묻고, 실력이 뛰어난 기술자를 시켜 그 방법대로 배를 만들게 한다. 표류해 온 배를 보고 모방하여 배우기도 하고, 표류한 사람을 잘 접대하여 그 기술을 다 배운 뒤에 돌려보내도 괜찮을 것이다.

 토정 이지함[李之菡, 《토정비결(土亭秘訣)》의 저자]이 일찍이 외국의 상선 여러 척과 교역해서 전라도의 가난한 백성을 구하고자 하였는데, 그 식견이 탁월하고 원대하다고 할 수 있다. 내가 하고 싶은 말은, 배를 제대로 운행하려면 모름지기 배가 정박할 수 있는 다리와 배에 가로로 놓는 널판이라도 갖추어야 한다는 것이다.

〈선(船)〉

물건을 유통하고 사람을 실어 나르는 유용한 수단으로 수레 못지않게 이용되는 것이 배다. 우리나라는 삼면이 바다로 둘러싸여 있어서 배를 이용할 수 있는 좋은 여건을 갖추고 있다. 그럼에도 불구하고 수레와 마찬가지로 배를 적절하게 이용하지 못하는 것이 조선의 현실이었다. 박제가는 그 문제점들을 지적하면서 개선 방법을 제시하고 있다.

박제가가 살펴본 중국의 배는 정교함과 효율성은 물론 화려함까지 갖추고 있었다. 중국은 삼면이 바다에 둘러싸인 우리와 달리 내륙이 많은 나라였지만, 운하를 건설하여 물길의 이점을 이용하였고 강줄기를 이용하여 물류 이동을 원활하게 하였으니, 자연스럽게 선박이 발전할 수 있었던 것이다. 특히 그가 사신으로 따라가던 길에 우연히 만난 산동 지방의 운송 책임 관리 덕분에 중국 배의 외부는 물론 내부의 각 구조를 자세히 살필 수 있었다. 그 배는 매우 크고 화려하였으며 먼 항해에도 어려움이 없을 정도로 튼튼하다고 말하면서, 중국

배를 연구해서 우리 배를 개량하고 선박을 이용하여 물류와 인적 자원의 이동을 활성화하자고 강조한다.

당시 조선의 배는 곡식을 비롯한 각종 물자와 사람을 함께 수송했지만 배의 밑창을 정교하게 만들지 못하고 위에 가로로 널빤지를 대지 않아서 곡식을 운송할 경우 누수 현상이 심해 곡식 아래에 거적을 여러 겹 깔아도 물이 스며들어 곡식이 썩어 버리는 일이 흔했다. 그래서 이 글의 말미에 박제가는 물에 젖지 않고 물건을 더 많이 실을 수 있게 가로 널판이라도 당장 보완하자고 주장한 것이다. 덧붙여서 배가 정박하는 선착장에 다리를 설치해서 말과 같은 짐승을 보호하고 사람도 물에 젖지 않게 하자고 거듭 강조한다.

박제가가 백성들의 가난을 극복하고 국내 산업을 활성화하는 방도로 중시한 것이 바로 교통·운송 수단의 개선이었다. 그중에서도 특히 수레와 배의 이용을 강조했다. 말 한 마리와 수레 한 대가 운반할 수 있는 짐이 비록 비슷하다고 하더라도 수레가 훨씬 유리하다는 사실은 더 말할 나위가 없다. 왜냐하면 짐을 끌어당기는 데에 들어가는 힘과 등에 싣고 가는 데에 들어가는 힘에는 엄청난 차이가 있기 때문이다. 그런 까닭에 수레를 쓰면 말이 병들지 않게 되며 대여섯 마리의 말이 운반하는 것을 수레 하나로 다 운반할 수 있으니 이는 몇 곱절이나 이익이 있다고 지적한다.

한편 수레가 말이나 소에 비해 장점이 있지만, 수레는 배의 장점에는 비교할 수 없다는 점을 명확하게 밝혔다. 그는 "수레 100대에 물건을 싣는 것은 배 1척에 싣는 것에 미치지 못하고, 육로로 1천 리를 가는 것은 해로로 1만 리를 가는 것보다 편리하지 않다. 그러므로 통상을 하려는 상인은 반드시 수로로 가는 것을 중요하게 여긴다."라고 말했다.

3. 도로 정비

황성(皇城, 북경)의 큰길은 그 넓이가 우리나라 육조[六曹, 조선의 중앙정부 기관인 이조(吏曹)·호조(戶曹)·예조(禮曹)·형조(刑曹)·병조(兵曹)·공조(工曹)의 6조]의 앞길에 비하여 3분의 1이 더 넓다. 문 앞에 각기 물동이가 있는데, 길에 자주 물을 뿌려서 먼지가 일어나는 것을 막고 또 화재에도 대비한다.

통주에서 조양문(朝陽門, 북경의 동쪽 문)에 이르기까지 40리 길에는 모두 돌을 깔았는데 넓이는 2칸이다. 큰 돌을 비석같이 평평하게 갈아서 깔았는데, 세모난 돌과 네모난 돌을 서로 어긋나게 깔아서 수레바퀴로 도로가 패는 것을 방지하였다. 비가 많이 내리더라도 버선발로 다녀도 괜찮을 정도다. 성문과 다리 양쪽 입구에도 모두 돌을 깔아서 사람들의 발걸음이 한쪽으로 몰려서 닳아지는 것을 방지하였다.

심양에서 연경에 이르기까지 모두 길 양쪽에 나무를 심어 놓았다. 비록 역참 사이에 나무가 심기지 않은 곳도 있으나 행인들이 대략 1500리나 되는 거리를 녹음 속에서 걸어갈 수 있다. 대체로 요동 들판은 망망하여 의지할 작은 언덕 하나도 없다. 바람이 세차게 불 때나 무더운 여름에 이 나무가 없으면 행인들이 쉴 곳이 전혀 없게 된다.

길 양쪽에 나무를 심게 한 법령은 옹정(雍正, 청나라 세종의 연호, 1723~1735) 시기였다. 우리나라 사람들이 그것을 보고서 수나라 때 변경(卞京, 지금의 하남성 개봉)에 나무를 심은 것과 같은 것이라 하나 그렇지 않다. 길에만 나무를 심은 것이 아니라 중국 사람들은 모두 나무를 심는 데 열심이다. 골목 안에도 구름 속을 뻗은 듯이 나무가 서로 얽혀 있어서 가옥을 장식하고 있고, 울창한 모습은 그림으로 그린 것 같다. 지금은 오직 평양의 대동강에만 몇십 리 길에 나무가 곧게 심겨 있어 장관을 이루고 있다. 다른 곳의 길에도 나무를 심으면 10년 안에 무성하게 자랄 것인데, 그렇게 할 방도를 모르고 있다. 또 길 양옆에는 도랑을 만들었다. 길은 만들기 위한 것이 아니라 밭과 논을 보호하기 위한 것이다.

또한 어로(御路, 임금이 행차하는 길)는 황토를 다져서 만드는데, 길의 두께가 한 자 정도이고 넓이는 보통 길과 같되 거울같이 평탄하게 닦았고, 양쪽 끝은 깎아 놓은 듯하다. 황제가 8월에 성경(盛京, 청나라 세 번째 수도, 지금의 심양)과 흥경[興京, 청나라 최초의 수도, 지금의 무순(撫順)시 신빈(新賓) 만주족 자치구 서부 지역]에 있는 능묘에 행차할 때 곧게 뻗은 길을 닦으라고 조칙이 내려온다.

그러면 4월과 5월 사이에 군현에서 기한에 앞서 공사에 참여할 장정을 징발하여 삼태기와 삽을 가지고 모여 서로 바라볼 정도로 세운다. 표목(標木, 이정표로 박아 놓은 말뚝)을 세우고 줄자로 맞추어 길을 닦으므로 서로 바라보면 조금이라도 굴곡이나 기울어진 곳이 없다. 옆에서 봐도 조금도 기울어진 곳이 없다. 높은 곳은 깎아 내고 깊은 곳은 흙으로 메우는데 새로 파 온 흙으로 다지고 녹독(碌碡, 돌고무래·굴레)으로 땅을 고른다.

길의 중간 넓이는 2칸이며 좌우에는 작은 길을 각각 1칸씩 내어 황제를 수행하는 무리가 줄을 지어 가게 하였다. 매 칸은 줄자로 재서 흙을 일구었는데 그 줄 안의 땅에는 백성들이 이미 파종을 했더라도 베어 냈다. 시일이 오래 지나서 풀이 자라나면 다시 베어 내고 사람들의 통행도 금지하였다.

60리에 한 개씩의 역참을 설치하였는데 길옆에 평방 100보가 되는 평지를 만들어 행궁(行宮, 임금이 순행 중에 임시로 머무는 별궁)이 머물러 묵을 수 있게 하였다. 또한 10보씩마다 반드시 몇 말씩의 흙을 쌓아 놓았는데 패인 곳을 메우기 위해 준비한 것이었다.

지금 우리나라에서 길을 닦는 것은 모두 지면만 깎아서 그 모양만 새롭게 하는 것으로 실제로는 몇 걸음도 평탄하지 않다. 게다가 돌을 깐 경우에는 평탄하지 못하여 기우뚱거리다 넘어지기 쉽다. 또한 마을의 백성들이 점포를 열어 '가가(假家, 가게)'라고 부른다. 처음에는 처마를 연결하여 임시로 지은 것에 불과하여 옮길 수 있지만, 점차 흙을 바르고 집의 형태를 갖추면 드디어 길을 침범하고 문 앞에 나무를 심는 상황에 이른다. 그러니 그 앞을 지나는 사람과 말이 서로 부딪히고 길이 좁아져서 다닐 수 없게 된다.

대개 길에는 모두 넓이가 얼마라고 하는 법률이 있으며 길을 침범하여 가옥을 짓는 것을 벌하는 조문도 있다. 이 법을 단단히 지키도록 하고 단속해야 한다.

〈도로(道路)〉

원활한 운송 수단으로 수레와 배를 활용하는 것은 불가피한 일이다. 그렇다면 우선 수레가 다니기 위해서 먼저 해결해야 할 문제는 도로의 개선이다. 아무리 좋은 수레를 만들어도 다닐 수 있는 길이 제대로 닦여 있지 않다면 아무 소용이 없기 때문이다.

그러나 조선의 현실은 암담하기만 하였다. 심지어는 험한 고갯길을 걱정해서 사재를 털어 길을 닦은 사람을 처벌한 경우도 있었다. 길이 잘 닦여 있으면 적이 쉽게 쳐들어올 수 있다는 허무맹랑한 이유에서였다. 박제가는 이처럼 한심스러운 당시의 현실을 비판하면서 중국처럼 도로를 확충할 것을 주장하면서 길을 닦는 방법까지 세심하게 기술하고 있다.

사실 고려의 수도인 개경이나 조선의 수도인 한양은 계획 도시였기에 도로를 비롯하여 각종 기반이 체계적으로 갖추어져 있었다. 그런데 궁궐 주변과 지금의 종로인 운종가 정도의 도시 중심 도로에만 돌을 깔았다. 그나마 돌이 고르지 않아 마차나 수레가 통행하기에는 불편하였다. 이곳들을 제외한 지역에서는 우마차가 지나가면 늘 흙먼지가 날렸고, 비라도 조금 내리면 온 동네가 진창이 되었으며, 물웅덩이가 생겨 함부로 다니기도 어려웠다.

또한 조선의 도로망은 대도시를 제외하면 대부분 자연적으로 생겨난 것이었다. 지금도 지방 도시에 가 보면 옛 관청이나 향교가 있던 곳이 도시 중심 지역으로, 그 지역을 중심으로 삼거리나 사거리가 있어서 당시의 형세를 짐작할 수 있다. 박제가는 연경의 도로뿐만 아니라 지방의 도시들이나 도시와 도시를 잇는 도로를 보면서 가로수까지 조성했다는 점에 주목한다. 가로수를 심는다는 것은 길을 다니는 행인들을 배려한 조치였기 때문이다. 요동처럼 넓은 벌판에서 가로수는 추위나 더위를 피할 수 있는 유일한 피난처였던 것이다.

4. 다리 설치

    다리는 모두 무지개 형상을 하고 있어 큰 다리는 돛을 단 범선(帆船)이 지날 수 있고, 작은 다리라도 작은 배가 지나갈 수 있다. 다리를 벽돌로 세우는 방법은, 먼저 나무를 엮어 기둥을 만든 다음 기둥마다 한 개의 벽돌로 주춧돌을 삼고 그 기둥을 벽돌로 감싼다. 그러면 물이 기둥에 스며들지 않는다.

    무지개 모양의 다리를 만드는 방법은, 나무를 엮어서 다리의 틀을 만들고 벽돌이 마른 뒤에 그 나무를 뽑아 버린다. 다리에는 반드시 난간이 있는데 나무로 만든 난간에는 붉은 칠을 하여 찬란하게 빛이 난다. 돌로 만든 난간에는 천록(天祿, 뿔이 하나인 상서로운 짐승)과 산예(狻猊, 사자를 닮은 상상의 짐승) 등을 새겼는데 입을 벌리고 있는 모습이 살아 있는 것 같았다.

    다리를 둥글게 만들려고 하는 것은 높게 하려는 것이다. 지금 한양 안에 놓인 다리는 모두 평평하여 큰비가 내리면 항상 물에 잠긴다. 그러다 보니 도읍지를 통과하는 큰길에는 한 해를 무사히 넘기는 다리가 없다. 또한 나무를 엉성하게 엮어 다리를 세우고 그 위에 솔잎과 흙을 덮어서 다리 위를 걸어 다닌다. 말의 발굽도 자주 빠지고 다리가 무너질까 두려워 백성들을 물속에 들어가게 하여 다리의 기둥을 잡고 서 있게 한다. 그러다 보면 과연 다리가 무너져서 사람과 말이 모두 자빠진다. 다리가 사람이 붙잡아서 세울 수 있는 것인가? 그 근본 대책을 구하지 않고 실속이 없어서 이와 같이 된 것이다.

자산[子産, 춘추 시대 정(鄭)나라의 재상인 공손교(公孫僑)]이라는 사람은 수레에 사람을 태워 건네 주었는데도 정치를 알지 못한다고 비난을 받았다. 지금 아무 때나 백성을 동원하여 종일 물속에 서 있게 하니 저 다리는 무엇 때문에 만든 것인가? 나는 사람들이 여름인데도 추위에 떨고 있는 것이 불쌍해 내가 수행했던 사신에게 청해서 그와 같은 일을 그만두게 하였다.

이러한 종류의 일은 너무 많이 일어난다. 그러니 백성들이 어찌 소요를 일으키지 않을 수 있겠는가? 그러므로 백성들이 편안해지려면 우선 쓸모 있는 물건을 잘 이용해야 한다. 쓸모 있는 물건을 잘 이용하는 사람은 자기 맡은 일도 잘 처리한다. 자신이 맡은 일을 잘 처리한 뒤에야 백성들이 베개를 높이 베고 편안하게 누워 잘 수 있을 것이다.

〈교량(橋梁)〉

도로를 구성하는 요소 중에 중요한 역할을 하는 것이 바로 교량, 즉 다리다. 조선의 다리는 나무나 돌로 만든 것이 대부분이었다. 그나마 규모가 작고 엉성해서 그 밑으로 배가 다닐 수도 없고 말이나 수레조차 통행하기가 힘들었다. 홍수라도 나면 쉽게 허물어지거나 물에 잠겨 사람의 통행조차 불가능했다. 지위가 높은 관리가 행차라도 하면 다리가 무너질까 염려하여 양민들을 징발하여 다리 기둥을 붙잡고 있게 했다니 기막힌 일이 아닐 수 없다. 더구나 임금의 행차가 있어 강을 건너기라도 하면 배다리를 놓아야 하는데, 이때 배와 목재를 비롯하여 인력을 징발해야 하니 백성들의 고통이 심하였다. 박제가는 이러한 실정을 잘 알고 있었기에 중국의 다리를 면밀하게 살폈다.

　중국은 일찍이 강이나 운하를 중요한 교통수단으로 활용해 왔기 때문에 다리의 대부분을 무지개 모양의 아치형으로 건설하였고, 그 재료는 대부분 견고한 벽돌이었다. 일명 홍예교라고 부르는 것이다. 그래서 다리 밑으로 배가 다닐 수 있었고 견고함도 조선의 다리와는 비교할 수 없을 정도였다.

　단순하게 보면 기술력의 차이라 하겠지만 박제가는 기술력과 함께 사물을 보는 인식을 바꿀 것을 지적한다. 상거래를 강조한 박제가는 유통 수단으로서 수레와 배의 활용이 중요했는데, 중국은 수레와 배가 지나갈 수 있는 도로와 다리를 건설했다고 본 것이다.

박제가가 나라의 경제를 살리기 위해 상업의 중요성을 강조한 것은 두말할 나위가 없다. 상업은 농업과 달리 일정한 지역에 머물러서 이루어지는 것이 아니라 사람과 물류가 끝없이 이동하기 마련이다. 생산물을 필요한 지역으로 이동시키고 사람 또한 생산물과 함께 이동해야 한다. 그러면서 자연스럽게 상인은 이익을 남기고 사람들의 살림살이가 윤택하게 되어 나라 경제가 번성하게 되는 것이다. 그렇다면 이러한 경제 활동을 원활하게 하는 매개체는 무엇이겠는가? 바로 교통수단이다. 오늘날도 농촌이나 공장에서 생산된 물건이 각 지역으로 제대로 전달되려면 여러 경로의 유통 과정을 거치게 된다.

박제가는 수레나 배와 같은 교통수단을 제대로 이용하려면 그를 위한 기반 시설이 먼저 갖추어져야 한다고 주장했다. 바로 성곽이나 도로, 다리 등을 제대로 설치해야 한다. 도로를 제대로 닦지 않는다면 아무리 좋은 수레를 만들어도 무용지물에 그칠 것이다. 이런 관점에서 다리 또한 수레나 배가 편하게 지나갈 수 있게 견고하고 넓게 설치해야 한다고 주장했다.

5. 벽돌 제작

벽돌은 마음대로 크거나 작게 만들 수 있다. 늘 사용하는 벽돌은 네 개를 쌓으면 면이 고르고, 세 개를 나란히 쌓아도 길이가 같다. 서로 문 질러서 깨끗이 한 다음, 이때 생긴 가루를 회(灰)에 섞어서 쓴다.

벽돌을 굽는 가마는 종을 엎어 놓은 것처럼 나선형으로 생겼는데 그 꼭대기에 굴뚝이 솟아 나와 있다. 가마 안에 벽돌을 한 줄 간격으로 쌓 는데 마치 떡을 빽빽하게 차려 놓은 것 같았다. 가마 복판에 아궁이 입 구가 있어 불기운이 균등하게 퍼져 멀든 가깝든 간에 모든 벽돌이 열을 고르게 받게 한다.

한 가마마다 8000개의 벽돌을 구울 수 있다. 땔감은 두 수레 정도의 수숫대가 사용되며 대략 네다섯 마리의 말이 운반하는 것에 불과하다. 옛날에 어떤 벽돌 굽는 가마 옆을 지난 적이 있었다. 가마 주인이 나를 가마 안으로 이끌고 들어가서 문답을 한 것이 이상과 같았다.

지금 중국에서는 땅 위로 대여섯 길이 나거나 땅속으로 대여섯 길이

들어간 건물은 모두 벽돌로 이루어져 있다. 높은 것은 누대·성곽·담이 있고, 깊이 파서 만든 것은 교량·분묘·운하·제방 등이 있다. 온 나라를 벽돌로 옷을 입힌 것 같아 백성들은 수재나 화재, 도적의 침입, 건물의 침습이나 붕괴 등을 염려하지 않는다. 이 모든 것이 벽돌의 힘이다.

벽돌의 효용이 이와 같음에도 불구하고 우리나라 수천 리 안에서만 사용하지 않고 그 방법도 찾지 않으니 실책이 너무 크다. 어떤 사람은 "벽돌은 흙으로 만들기 때문에 우리나라에는 기와는 있고 벽돌이 없다." 라고 하는데, 이는 전혀 그렇지 않다. 둥글게 만들면 기와가 되고 네모나게 만들면 벽돌이 된다.

중국에서 작은 담이나 벽도 성곽과 차이가 나지 않는 것은 모두 벽돌을 사용하였기 때문이다. 길을 끼고서 점포가 들어섰는데, 그 점포의 뒤쪽은 모두 벽돌로 쌓았다. 마을로 들어가는 문을 마을 양쪽 끝에 세우고 그 위에 누각을 올려 문을 닫고 마을을 지킨다. 이곳을 지나야 점포로 들어갈 수 있기 때문에 도적이 갑자기 공격할 수 없다. 옛날에 '골목 싸움', '동네 싸움'이라는 말이 나온 것도 이 때문이다.

어떤 사람은 "개인적으로 벽돌을 만들면 국가에서 이용하지 않더라도 자기 집 안에서 사용하는 것은 가능하다."라고 했지만, 이 또한 옳지 않다. 백성들이 일상에서 필요한 것은 반드시 서로 도움을 주면서 쓰여야 한다. 지금 나라 안에서 벽돌을 만드는 곳이 없는데 나만 홀로 벽돌을 굽는다면, 벽돌을 굽는 가마도 내가 만들어야 하고, 벽돌을 붙이는 회도 내가 만들어야 하고, 벽돌을 싣는 수레도 내가 만들어야 하고, 모든 가술자의 일을 모두 내가 해야 하니, 이익이 얼마나 생기겠는가? 흙이나 나무가 풍족한 시골이면 혹 가능할지 모르겠다.

지금 벽돌 사용을 권장하려면 반드시 관청에서 후한 값으로 백성들이 구운 벽돌을 구입해야 한다. 그렇다면 10년 이내에 나라 안에서 모두 벽돌을 사용할 것이다. 나라 안에서 벽돌을 사용한다면 벽돌값이 싸지기를 기다리지 않아도 저절로 싸질 것이다. 다른 물건도 모두 그러하다. 이것이 바로 위에 있는 사람의 권한이다.

서양에서는 벽돌을 구워서 집을 짓기 때문에 1000년이 지나도 고치지 않는 집이 있다고 들었는데, 이는 집을 짓는 비용을 매우 줄이는 방법이라고 할 수 있다. 만약 그렇다면 중국의 장화궁[章華宮, 초나라 영왕(靈王)의 궁궐]과 아방궁(阿房宮, 진시황의 궁궐)이 지금까지 존재하는 것이니 후세의 제왕들이 다시는 궁궐을 짓느라 백성들의 힘을 고갈시키는 일이 없을 것이다.

우리나라 사람들은 일찍이 아침저녁 사이에 생길 일도 걱정하지 않기 때문에 온갖 기술이 황폐해지고 날마다 하는 일도 없이 소란스럽기만 하다. 백성들은 그로 인해서 일정한 의지가 없고, 나라에는 그로 인해서 항상 유지되는 법이 없다. 그 원인은 모두 임시방편적인 대처 방식에서 나온 것이다. 그 해로움을 알지 못하면 백성들이 궁핍해지고 재물이 고갈되어 나라가 나라답지 못하게 된다.

가령 벽돌로 담을 쌓아서 수백 년 동안 무너지지 않는다면 나라 안에 다시 담을 쌓는 일이 없어서 많은 것을 얻게 될 것이다. 나머지 일은 미루어서 알 수 있다. 지금 달마다 담이 무너지고 해마다 집이 무너지는 것은 어째서 그렇겠는가?

〈벽(甓)〉

박제가가 청나라의 수도인 연경에 도착했을 때 놀라움과 부러움을 가졌던 것은 수레뿐만이 아니었다. 견고하고 아름다운 성곽, 반듯하고 길게 뻗은 도로, 화려한 장식으로 꾸며진 가옥, 무지개 모양의 다리 밑으로 오가는 배들. 그런데 그러한 도시 전체를 구성하는 기본 재료가 다름 아닌 벽돌이었다. 당시 조선에는 벽돌로 쌓은 성조차도 찾아볼 수 없었다. 기껏해야 바위를 다듬거나 흙을 쌓아 만든 성곽이나 가옥들뿐이었다.

그나마 성곽은 한 겹으로 쌓았는데 그 겉이 비록 높고 견고해 보여도 안쪽을 보면 돌끼리 쌓은 것이 서로 아귀가 맞지 않아 돌이 하나라도 빠지면 곧 무너질 지경이었다. 그야말로 성다운 성이 없다고 할 정도였다. 반면에 청의 수도인 연경뿐만 아니라 다른 중소 도시에서도 성곽이나 궁궐을 비롯해 일반 가옥·도로·다리 등 사회 기반 시설들을 모두 벽돌을 사용해서 건축했는데, 그야말로 반듯하게 잘 조성된 도시의 모습을 드러내고 있었다.

박제가가 바라본 중국은 땅 위든 땅속이든 건물에는 모두 벽돌을 사용하는, 말하자면 벽돌의 나라였다. 성곽과 누대는 물론 교량과 제 방 등 높낮이를 불문하고 온통 벽돌을 사용해서, 박제가는 온 나라를 벽돌로 입힌 것 같다고 평하기도 했다. 그래서 조선도 중국처럼 벽돌 을 사용해서 궁성을 쌓고 낮은 담도 벽돌로 쌓는 것이 좋겠다고 생각 했다. 조선에서도 간혹 벽돌을 사용해서 담을 쌓는 경우가 있었지만 흙으로 쌓은 성 바깥쪽으로 한 겹 정도만 벽돌을 붙여 쌓은 것이었으 니 견고함이 떨어질 수밖에 없었다.

만약 벽돌을 사용한다면 성곽을 비롯해 누각이나 교량, 운하와 제 방 등은 물론 집도 지을 수 있고 그 견고함이나 지속성은 이미 입증 된 것이었다. 그런데도 불구하고 조선에서는 벽돌 사용을 주저하고 있는데, 이는 지배 계층인 사대부들의 안목이 부족해서 그런 것이라 고 일침을 놓는다. 물론 박제가가 조선에는 벽돌로 지은 건축물이 없다고 했지만 그것은 비유적인 표현일 뿐이다. 옛날 백제의 무령왕 릉만 보아도 벽돌로 만들어진 것이었다. 예전부터 벽돌로 건축할 수 있는 기술이 있었지만 실용적으로 사용하지 않으니 도태된 것이라고 한탄한 것이다. 이 〈벽돌〉 편은 위의 글 뒤에도 수고(水庫, 물 저장고)를 비롯해 회 반죽 등을 자세하게 다루고 있는데, 수레에 이어 상당히 많은 분량을 할애한 것으로 보아서 박제가가 매우 중요한 항목으로 여겼던 것 같다.

6. 성곽 구축

성은 모두 벽돌로 쌓았다. 벽돌은 회(灰)를 발라 붙였는데 너무 얇게 써서 겨우 붙어 있을 정도였다. 쌓는 방법은 먼저 돌이나 큰 벽돌로 터를 잡은 다음에 벽돌을 쌓았는데, 어떤 것은 가로로 어떤 것은 세로로 쌓았다. 또 어떤 것은 눕히기도 했고 어떤 것은 세우기도 하여 겉과 안이 서로 어긋나게 하면서 성벽의 두께에 맞추어 벽돌을 채워 쌓았다. 흙으로 겉과 안 사이를 채우는 경우라 하더라도 흙의 폭이 두께 전체의 3분의 1을 넘지 않았다. 그래서 대포를 맞아도 마치 엿처럼 엉켜서 쉽게 무너지지 않는다.

성 안팎으로 모두 몸을 숨겨 적을 공격할 수 있도록 성 위에 낮게 덧쌓은 담[성첩(城堞)·여장(女墻)·덧담, 성 위에 이빨 모양으로 배열한 성가퀴]을 쌓았는데, 안쪽에는 돌에다 홈을 파서 빗물이 통하도록 해 놓았고, 바깥쪽에는 총과 활을 쏠 수 있는 구멍을 만들어 놓았다. 구멍이 어떤 것은 마치 날을 제거한 대팻집처럼 바로 성 아래를 향해 경사져 있어서 적군이 감히 가까이 오지 못하도록 한 것이다.

성 근처에는 반드시 황지[隍池, 성곽 방어를 위해 둘레를 감싼 도랑, 해자(垓字)]가 있고, 성문에는 반드시 옹성(甕城, 성문을 지키기 위해 성문 바깥쪽에 반원형으로 쌓은 성)이 있다. 이 옹성에는 다시 성문을 뚫었는데, 좌측에 뚫은 것도 있고 우측에 뚫은 것도 있다. 혹은 좌우 양측에 모두 뚫은 것도 있으나 안쪽에 있는 성문과 바로 마주 보이지는 않는다.

성의 덧담으로 오르는 곳에는 사다리를 놓았다. 사다리 주변에는 목책을 세워 막아 놓아서 그 안에 사람이 들어가면 도망가려 해도 그럴 수 없다. 벽돌 수를 세어서 헤아리니 높이는 3길 반, 혹은 6길이었다. 오래된 성의 벽돌이 부서지거나 빠진 곳에는 새로운 벽돌을 사용해 보수해서 그 색이 얼룩덜룩하였다.

이른바 성곽이라는 것은 적을 막기 위한 것인가? 아니면 적을 만났을 때 버리고 가는 것인가? 후자가 아니라면 내가 알기로는 우리나라에는 성이라고 할 만한 것이 하나도 없다. 어째서 그렇게 말하는가 하면 벽돌을 사용하지 않았기 때문이다. 어떤 사람은 벽돌이 돌보다 단단하지 못하다고 하지만, 돌 하나가 벽돌 하나보다 단단하겠지만 돌을 쌓아서 만든 것의 견고함은 벽돌을 쌓아서 만든 것의 견고함에 미치지 못한다.

돌은 잘 붙지 않는 성질이나 만 개의 벽돌은 회로 바르면 하나로 합칠 수 있다. 또한 돌은 항상 사람이 힘을 써 다듬어야 하는데, 여기에 얼마나 힘이 들겠는가. 또한 벽돌은 마음대로 만들어도 반듯하지 않은 것이 없다. 또한 돌은 크기가 고르지 않아 일정을 고르게 안배해도 인부의 작업량을 조절하기 어렵다. 그러나 벽돌은 이미 그 치수가 같기 때문에 일한 분량을 알 수 있어서 일을 부지런하게 했는지 게을리 했는지 바로 알 수 있다.

첫째로 지금 우리나라의 성은 단지 돌을 한 겹으로 쌓아서 겉은 비록 높고 험해 보여도 안쪽의 실상은 이가 맞지 않아 돌이 하나라도 빠지면 무너지는 것을 막을 수 없다. 성이 높으면 더욱 무너지기 쉽고, 무너지려고 할 때는 복판이 점점 불러서 마치 곡식을 담은 자루 모양처럼 된다. 또 덧담이 자주 무너진 것을 볼 수 있는데, 이는 회를 바른 것이 모두 돌과 잘 붙지 않았기 때문이다.

지방 고을에서는 성 위에 기와를 덮기도 하고, 가옥 담에는 큰 목재로 서까래를 얹고 그 위에 기와를 얹어 놓았다. 대개 돌로 나무를 덮어서 나무가 썩는 것을 방지했기 때문에 기와와 벽돌이 생긴 것이다. 그런데 지금은 성 위에 목재를 얹어 놓으니, 이는 썩는 것을 막는 것이 아니라 오히려 썩는 것을 부추기는 것이다.

또한 기와 속을 흙으로 채워 기와가 쉽게 움직이며 자주 밑으로 떨어지고, 새들이 구멍을 뚫고 바람이나 빗물이 들이쳐서 손상시키니 수리하는 경비가 날로 늘어난다. 힘을 다해 썩는 것을 막으려 해도 그 비용을 걱정해야 하는데, 지금은 힘을 다해 썩게 하니 옳다고 볼 수 없다. 그러므로 중국의 제도를 배워서 먼저 궁과 성을 벽돌로 쌓고, 목재를 올리는 데 드는 비용으로 작은 덧담을 쌓아야 한다.

지금 옛날에 만든 광화문에는 회로 바른 자취가 뚜렷하게 남아 있다. 어떤 사람은 담을 고쳐서 성을 쌓는 데 비용이 너무 많이 든다고 하지만, 일반 백성들이 초가집을 엮는 데 들어가는 10년 동안의 비용이 기와를 얹는 것보다 많이 들어간다. 국가는 만 대에 이어 갈 사업을 세워야 한다. 잠시 동안의 수고는 되겠지만 영원토록 얻어지는 이로움이 훨씬 크다. 그러나 수레가 없으면 벽돌로 쌓는 이로움도 그다지 크지 않다. 모름지기 먼저 수레를 만든 후에 벽돌로 성을 쌓는 것이 옳다.

둘째로 성의 둘레가 너무 넓다. 지금 지방 고을의 성은 모두 10여 리가 넘는다. 어떤 성은 40리에 달하여 임금이 사는 도성과도 견줄 만한 것도 있다. 대개 성안의 백성과 병졸, 남자와 여자를 모두 늘여 세워도 그 반을 채울 수 없다. 이러한 성을 어찌 쓰겠는가? 그러므로 심양이 번성해도 성곽 길이는 10리에 불과하다. 계주와 영평(永平, 지금의 북경시 동남 지역)도 모두 그렇다. 그들이 설치한 위치소(衛置所, 방위 장소)도 모두 규모가 극히 작다. 《맹자》에는 내성은 3리 외성은 7리라는 말도 있다.

셋째로 성의 외부는 정성을 들여 힘쓰지만 성 안쪽은 내버려 둔다. 성의 바깥쪽은 높이가 3~4길이나 되지만 성 안쪽은 곧바로 올라갈 수 있다. 성 바깥쪽에는 비록 목책을 둘러쳤지만 성 안쪽은 담이 없다. 위급한 일이 일어나 성을 지키던 병사가 죽게 생겼는데 달아나지 않을 사람이 어디 있겠는가? 오합지졸이 병기를 버리고 도망가서 날아드는 화살과 돌을 잠시라도 피하려는 것, 이 역시 인지상정이다. 비록 군법이 있어 처벌하려고 해도 어쩔 수 없는 일이다. 그러므로 성 안쪽에 담이 없으면 성이 없는 것과 같다는 말이다.

넷째로 성 위의 덧담에 뚫은 구멍이다. 이 구멍은 성을 뚫어서 아래로 향하게 만들지 않았기 때문에 성이 높으면 적은 더욱 가까이 다가올 수 있다. 총알이나 화살이 어찌 포물선을 그려서 적을 쏘아 맞힐 수 있겠는가? 하물며 해자를 파지 않았으니 어떻게겠는가? 어떤 사람은 "우리나라는 산을 의지해서 성을 만들었기 때문에 해자를 파지 않는 것이다."라고 말한다. 그렇다 할지라도 해자를 팔 수 있으면 반드시 파야 한다. 이는 적을 막을 뿐만 아니라 성의 밑을 보호하여 물이 스며들지 못하게 한다.

다섯째로 옹성이 없다. 지금 흥인지문(興仁之門, 동대문)에만 옹성이 있지만 여기에도 문이 없다. 지방 고을에 간혹 있기는 하나 그것도 덧담이 없다. 옹성에 문이 없으면 지킬 수 없고 덧담이 없으면 오를 수 없으니, 이는 다만 자신의 눈만 가릴 뿐이다. 어떤 사람은 옹성이 무슨 이로움이 있느냐고 하지만 대개 성문이 있는 곳에는 모두 길이 있다. 문이 무너지면 적이 곧바로 들어올 수 있어서 다른 곳에 비해서 더욱 중요하다. 다른 곳은 길이 아니고 지붕이나 담, 나무로 막혀 있어서 성벽이 무너지더라도 적이 마구 쳐들어올 수 없다. 그러므로 반드시 옹성을 설치해 성문을 지켜야 한다. 만일 옹성의 바깥문을 잃더라도 안쪽 성문은 그대로 남아 있기 때문이다.

또한 옹성을 통해 네 모퉁이에 있는 적을 바라볼 수 있고 또 대포를 막을 수 있다. 송나라의 채경(蔡京)이 변경[汴京, 지금의 개봉(開封)]의 성을 곧게 만들어서 금나라 군대가 대포를 네 모퉁이에 설치해서 쏘아 성문을 무너뜨렸다. 대개 화력은 곧게 뻗은 성에 부딪혀서 폭발되는 것이다.

어떤 사람은 토성(土城)이 어떠냐고 묻는다. 나는 평양과 안주(安州, 평안남도 지역)의 새로 지은 토성을 지나면서 본 적이 있었다. 대개 토성의 장점은 빗물이 스며드는 것을 두려워하지 않는 것이다. 이는 대지가 자연스럽게 습기를 머금는 것과 같은 성질이다. 그런데 지금의 그 성은 대충 한 둘레만 담을 쌓고, 회도 제대로 바르지 않아 돌처럼 단단하지 않았다. 높이는 꼴 베는 아이들이나 기르는 소들이 이따금 넘어갈 정도로 낮았다.

대체로 일반 가옥에서도 100보 정도 길이의 담에 해마다 볏짚을 덮는 것도 힘이 부치는데, 하물며 5~10리가 되는 성벽을 어찌 다 덮을 수 있겠는가? 그대로 두자니 아깝고 덮으려 하니 비용을 계속 이어 나가기 어렵다. 그러니 어찌 그 재물로 수십 개의 벽돌 굽는 가마를 성 쌓는 곳 근처에 만들지 않겠는가? 그렇게 했다면 지금은 거의 모든 성을 벽돌로 쌓았을 것이다.

어떤 사람은 강도[江都, 지금의 강화도(江華島)]에 있는 벽돌로 만든 성이 자주 무너진다고 하여, 벽돌로 성을 쌓자고 주장한 사람을 탓하였다. 그

러나 이는 성을 잘못 쌓은 탓이지 벽돌의 잘못이 아니다. 회를 제대로
바르지 않으면 벽돌은 없는 것과 같다. 또 성을 벽돌로 제대로 쌓지 않
으면 성을 쌓지 않은 것과 같다. 지금 한 겹의 벽돌로 토성의 겉 부분에
덧대어 높게 쌓으면서 무너지지 않기는 어렵다. 어떤 사람이 "우리나라
의 성은 모두 그림 속의 성일 뿐이다."라고 말했다. 그의 말은 겉으로는
그럴듯하지만 안으로 그렇지 못함을 말하는 것이다.

〈성(城)〉

적이 침략했을 때 성을 버리고 달아나려는 것이 아니라면 조선에
는 성다운 것은 하나도 없다고 박제가는 주장했다. 그 이유가 벽돌을
사용해서 성을 쌓지 않았기 때문이라고 한다. 바위나 돌은 그 하나
하나는 견고할지 몰라도 여러 개를 규격에 맞추어 쌓으면 벽돌이 돌
보다 훨씬 단단하다는 것이다. 바위나 돌은 그 특성상 서로 붙일 수
없지만 벽돌은 회를 발라 붙이면 더욱 견고해지기 때문이다. 더구나
조선의 성은 돌을 한 겹으로 쌓아서 겉은 높고 튼튼해 보여도 실상
그 속은 흙으로 채워져 있고 돌끼리 서로 이가 맞지 않아 하나라도
빠지면 쉽게 무너지곤 했다. 반면에 청나라의 성곽은 조선과 달리 모
두 벽돌로 쌓았다. 그래서 청나라의 제도를 배워서 벽돌로 궁성을 쌓
는 것이 훨씬 좋다고 말한다.

조선의 성곽 중에서 박제가의 지적대로 축조된 것은 지금의 수원

에 있는 화성(華城)이 대표적이다. 정약용이 한강의 배다리[주교(舟橋)]를 설계하고, 1792년 화성을 축조할 당시 상당한 효과를 냈던 거중기가 바로 이때 창안된 것이다. 화성은 대부분 벽돌로 만들어진 성이다. 구조도 옹성이 있어 적을 효과적으로 방어할 수 있도록 되어 있다.

한양을 비롯한 지방의 성곽 가운데 벽돌을 사용한 경우가 있었지만 대부분 성곽의 상단 부분에 일부만 그러했고 거의 흙과 돌로 만든 것이었다. 문제는 성이나 궁궐의 담을 고쳐서 벽돌로 쌓는다면 그것에 드는 비용이 엄청났다. 가난한 백성이 초가를 엮는 데 매년 들어가는 비용도 제대로 충당하지 못할 지경인데, 벽돌과 기와를 얹어 짓는 것은 바랄 수도 없는 형편이었다. 하지만 위정자가 한번 결심해서 높은 비용을 감당하면서라도 벽돌로 쌓게 되면 장기간 보수비용과 수리비용이 들지 않아서 실질적으로는 이익이라는 지적이다.

사실 성 바깥쪽은 그나마 형태를 갖추었지만 안쪽은 대충 쌓거나 아무것도 없어서, 전투가 벌이지는 급박한 상황이 닥치면 병사들이 쉽게 도망갈 수 있었다. 또한 성곽 위에 쌓은 덧담에 총포나 활을 쏠 수 있도록 구멍을 뚫어 놓았으나, 아래쪽을 향하도록 만들지 않아 적을 효과적으로 물리칠 수 없는 구조였다. 그리고 성 둘레에 물웅덩이를 파서 적들이 쉽게 접근할 수 없도록 하는 해자도 만들지 않았으며 성문에는 성문을 보호하는 옹성을 둘러치지 않아 성문이 무너지면

적들이 곧바로 성안으로 쳐들어올 수 있게 되어 있었다. 그래서 박제가는 벽돌 사용을 권장하기 위해서는 백성들이 구운 벽돌을 관청에서 후한 가격으로 구입해야 한다고 주장했던 것이다. 그렇게 한다면 10년 내에 나라 전체에 벽돌 사용이 널리 확산될 것이고 벽돌 생산량이 늘어나면 가격도 싸질 수 있다는 것이다.

사실 벽돌 건물은 견고성과 미적 아름다움, 그리고 장기적으로 경제적 이익이라는 요소를 모두 갖춘 건축 양식으로 오늘날에도 널리 사용되고 있다. 박제가의 지적대로 국가는 먼 미래를 내다보고 일을 추진해야 하는 법이다. 정조 당시에도 시행이 가능한 일이었음에도 그렇지 못한 것은 진정 안타까운 일이라 하겠다.

4장

농업과 목축의 장려

목축이란 나라의 큰 정책이다. 농사는 소를 치는 데 달려 있고, 군대는 말을 훈련시키는 데 달려 있으며, 음식을 지어 먹는 일은 돼지·양·거위·오리를 키우는 데 달려 있다. 지금 우리나라 사람들은 이렇게 중요한 목축에 대해 전혀 대책을 강구하지 않고 있다.

1. 농기구에 대한 여섯 가지 원칙

오늘날 농기구를 말하는 자들은 "옛날과 지금의 쓰임새가 다르다."라거나 "남과 북의 제도가 다르다."라고 말한다. 그러나 우리나라에는 제대로 된 농기구가 없다고 단언하고 싶다. 그러니 옛날이니 지금이니, 남이니 북이니 논할 필요조차 없다.

대체로 쟁기와 보습의 넓이가 결정된 뒤에야 밭고랑도 제대로 낼 수가 있고, 김매기도 손쉽게 할 수 있다. 지금 골짜기에서는 두 마리 소가 끄는 쟁기를 사용하고 너른 들에서 한 마리 소가 끄는 쟁기를 사용하여 흙을 일군다. 흙을 일군 뒤에 다시 다른 농기구를 사용하는 일이 없다. 골짜기의 쟁기도 제각기 다르고 너른 들판의 쟁기도 제각기 다르다. 밭고랑과 두둑을 모두 어림잡아 만들어서 어떤 자는 쟁기 셋이 들어가는 넓이로 한 두둑을 삼기도 하고, 쟁기 다섯이 들어가는 넓이를 한 두둑으로 삼기도 한다. 두둑이 넓으면 씨앗을 흩뿌려 파종해서 곡식이 자라는 줄이 어지럽게 되니, 나중에 잡풀을 제거할 때에 힘이 10배나 든다.

요즘 수숫잎 모양의 짧은 자루 호미는 언제부터 사용되었는지 알 수가 없다. 호미를 쓰는 것을 보면 왼손으로 싹을 잡고 오른손으로 호미를 잡은 채 허리를 구부리고 꽁무니를 바닥에 대고 앉는다. 그리고 뿌리를 어림잡아서 북돋고(흙으로 덮고) 풀이 있는 곳을 뽑아 버린다. 장정이 온종일 김매는 양이 고작해야 5~6묘(畝, 1묘는 240보 정도임, 5~6묘는 대략 240미터 길이의 이랑이다)에 지나지 않는다.

옛날의 방법은 쟁기로 밭갈이를 한 다음에 반드시 작은 쟁기를 사용하여 금을 그어 고랑을 만들어 고랑 가운데에 싹을 심는다. 싹이 자라면 긴 자루의 호미를 사용하여 두둑의 흙을 그으면 좌우로 나뉘어 흙이 쌓이고 잡풀은 그로 인해서 엎어져 뽑힌다. 그리고 저절로 싹을 북돋게 된다.

고무래는 흙덩이를 깨는 농기구다. 쟁기로 간 뒤에 밭에 반드시 흙덩이가 생기기 마련이다. 흙덩이가 있으면 곡식이 잘 자라지 않는다. 옛말에 "큰 흙덩이 아래에는 좋은 곡식이 없다."라고 하였는데 이를 말하는 것이다.

자루가 긴 호미는 자루의 길이가 두 자 반이다. 목의 길이는 한 자로 큰 칡의 잎사귀 모양과 같은데 안으로 굽었다. 이 호미는 서서 흙을 긁는 데 알맞다.

써레는 무논에서 사용하는 농기구다. 논을 갈아엎었을 때 물이 첨벙거려서 흙덩이를 부수기가 더욱 어렵다. 먼저 일자(一字)형의 큰 써레를 사용한 후에 인자(人字)형의 써레를 사용한다. 그다음에 쇠스랑을 사용하여 체를 친 밀가루처럼 흙을 잘게 부수어 한 조각의 덩이도 없도록 한다. 그런 후에 씨앗을 뿌리는 것이 좋다. 요즘 사람들은 단지 한 가지 큰 써레만을 사용해 한 차례 물을 뒤집어 놓기만 한다.

농기구는 명나라 사람인 서광계(徐光啓)의 《농정전서(農政全書)》의 도식(圖式)에서 가려 쓰는 것이 마땅하다. 요즘 사람들은 오랜 관습에 안주하기에 관아에서 좋은 농기구를 판다고 해도 사지 않을 것이 분명하다. 그러나 먼저 둔전(屯田)에서 이 농기구를 시험적으로 사용해서 큰 효과를 거두게 된다면 몇 해 지나지 않아 따르는 자가 시장에 사람이 모이듯이 할 것이 분명하다.

순임금이 있는 곳은 어디나 사람이 모여들고 도읍이 만들어졌다고 한다. 이는 성인의 덕에 따른 감화가 그렇게 빠른 것이지만, 농사를 짓고 질그릇을 구우며 물고기를 잡는 순임금의 뛰어난 지혜가 백성들로 하여금 마치 물이 아래로 흐르는 것처럼 그 뒤를 즐겨 따르게 한 것이다.

〈농기(農器) 육칙(六則)〉

농업은 조선 시대에 가장 중요한 경제 기반이었다. 지금이야 부족한 각종 농산물을 해외에서 수입해서 충족하고 있지만, 당시에는 외국과의 교류는 말할 것도 없고 대부분 그 지방에서 생산하는 농산물로만 그 지방 사람들이 먹을 수 있는 형편이었다. 그러니 가뭄이나 홍수로 인해 농사를 망치게 되면 굶주리기 일쑤였다.

그런데도 이렇게 중요한 농업에 대해 조선 시대 양반들은 그다지 큰 관심을 기울이지 않았다. 당시에는 사농공상(士農工商)의 신분 차별이 분명해서 글 읽는 선비, 농사짓는 농민, 공장장이 기술자, 장사 하는 상인으로 구별하여 글 읽는 선비 외에는 모두 미천한 사람들의 일이라고 무시했다. 더구나 일부 선비들은 차라리 굶어 죽을지언정 농사를 짓지는 않겠다고 망언을 하는 경우도 있었다.

그러나 박제가와 같은 실용적인 학자들은 백성들을 굶주림에서 구할 농업 생산량을 늘릴 수 있는 농기구의 개선과 보급에 관심을 갖고 있었다. 농사에 적합한 농기구의 보급이 이루어지면 곧 규격화와 대량 생산으로 연결될 수 있었다. 그러니 가장 시급한 것은 규격에 맞는 농기구를 보급하여 이를 사용할 수 있도록 농법을 가르치는 일이라고 주장했던 것이다.

박제가가 중국에서 보았던 농기구 중에서 가장 인상적인 것은 수차(水車)였다. 수차를 이용하면 마른 땅에 물을 쉽게 댈 수 있고, 물이 고인 땅에서 물을 뺄 수도 있다. 이러한 시설이 없으니 수위를 조절하지 못해 애써 농사지은 작물은 물론 가옥과 재산까지도 홍수에 휩쓸리는 일이 빈번하게 발생한다는 것이다.

이렇게 박제가가 제안한, 농사에 편리한 농기구는 대부분 얼마 전까지만 해도 농촌에서 흔히 볼 수 있고 널리 사용했던 것이다. 비록 당대에는 그의 주장이 받아들여지지 않았지만 조선 후기에 농업 기술이 발전하고 상업적인 부농이 성장하면서 농기구의 개량과 보급이 이루어져 활용되었기 때문이다. 박제가와 같은 선구자의 주장을 받아들였다면 조선은 보다 이른 시기에 근대로 진입해서 발전했을지도 모른다. 참으로 안타까운 일이 아닐 수 없다.

2. 밭

중국의 밭에는 소의 다리 넓이만 한 사이에 곡식을 한 줄로 심는다. 곡식이 자라서 흙을 북돋을 때가 되면 다시 소에게 쟁기를 메우고 날을 끼운다. 쟁기의 양끝 넓이가 소가 지나간 곳과 같다. 길을 따라서 밭을 갈면 새로운 흙이 올라오고 곡식은 소의 배 아래로 바람 소리를 내면서 매끄럽게 일어선다.

중국의 세 이랑 넓이가 우리나라의 두 이랑 넓이와 같다. 이는 우리가 아무 이유 없이 3분의 1의 밭을 잃는 셈이다. 외날 쟁기로 소를 대신하여 사람이 밭을 갈면 소의 절반 정도 일을 한다. 밭과 소, 사람과 연장의 치수가 서로 맞아떨어지고 또한 파종하는 법도 고르게 이루어져서 씨앗이 겹치지 않고 줄도 비뚤어지지 않는다. 간격이 길면 모두 길고 짧으면 모두 짧아서 차이가 나지 않는다.

우리나라에서 콩이나 보리를 심으면 농부가 마음 내키는 대로 씨를 뿌리기 때문에 씨앗이 서로 겹치고 바람을 고르게 받지 못하며 햇볕도 제각각 다르게 받는다. 크게 자란 것은 거의 익을 때가 되었는데 작은 것은 아직 꽃을 피우지 못한 것도 있다. 이는 모두 곡식끼리 서로 겹쳐서 상처를 입혀 제대로 열매를 맺지 못해서 그런 것이다. 그러므로 씨앗을 심을 때에는 낱낱의 씨앗이 병들지 않도록 고르게 파종하는 것이 중요하고 씨앗을 많이 뿌리는 것에 관심을 두지 말아야 한다. 보리 한 이삭에서 백 개의 낟알을 얻으면 씨앗 한 말에서 보리 열 섬을 거두어야 한다. 그렇지 못하다면 씨앗을 고르게 뿌리지 못해서 그런 것이다.

이렇게 보면 우리나라는 밭을 갈 때 밭의 일부를 잃고, 또한 씨앗을 뿌릴 때 곡식의 일부를 허비하는 셈이다. 곡식을 수확할 때에도 양이 줄어드니 어찌 곡식이 귀하지 않겠으며 백성들이 가난하지 않겠는가? 우리나라에서 이른바 며칠에 걸쳐 밭을 갈았다거나 몇 섬의 씨앗을 뿌렸다고 하지만 실제로는 그 반수에 불과하다. 이것은 해마다 땅속에다 수만 섬의 곡식을 버리는 것이다. 모름지기 중국의 농사법을 본받으면 밭을 하루 갈아서 50~60섬의 곡식을 거둘 수 있을 것이다.

이희경은 "일찍이 강원도 홍천에서 농사를 지을 때, 구전법(區田法, 가물고 척박한 산간 지역을 개간하기 위한 농법으로 땅을 깊게 파고 거름을 충분히 주는 방식)대로 보리를 심어 보았다. 땅을 사발 크기만큼 파고 거름을 넣고 흙을 덮은 뒤에 씨앗을 뿌렸다. 한 구덩이에 대략 10여 개의 낟알을 심었는데 예전에는 한 말이 들어가던 땅에 두 되 다섯 홉이 들었다. 거름은 적게 들고 힘을 집중해서 쓸 수 있으니, 씨앗은 적게 들면서 수확은 배가 되어 이보다 이로운 것이 없었다."라고 말했다.

〈전(田)〉

박제가가 본 조선의 현실은 농업을 근본 산업으로 삼고 있다고 하
지만 중국의 그것과 비교한다면 형편없는 것이었다. 그래서 그는 밭
을 갈고 파종과 수확을 하는 모든 과정을 면밀하게 살펴보고 조선에
는 무엇이 부족한지 고민했다. 밭에 관한 글은 처음에 쓴 《북학의》와
뒤에 농업과 관련한 부분만 정조에게 올린 〈진소본 북학의〉 모두에
실려 있다.

중국에서도 밭을 갈 때 소를 이용하는 것은 조선과 동일하지만, 소
의 양다리 사이쯤 되는 간격으로 씨앗을 한 줄로 심고 그 곡식이 자
라서 흙을 북돋아 줄 때가 되면 다시 소에 쟁기를 채워 풀을 제거하고
새싹을 북돋워 준다는 것이다. 이렇게 하면 밭이랑을 균일하게 만들
수 있고 씨앗도 고르게 한 줄로 심을 수 있게 된다. 동시에 힘은 적게
들이고 수확을 늘릴 수 있다. 그리고 중국 밭의 세 이랑이 우리나라의
두 이랑의 넓이와 같은데 이는 아무 이유 없이 밭의 3분의 1을 잃는
셈이니, 중국처럼 밭과 소와 연장 등의 치수를 서로 맞아떨어지게 해
서 밭이랑의 간격을 좁히면 같은 땅에서 농산물의 3분의 1을 더 생산
할 수 있다고 했다.

사실 조선은 토지 제도가 심각하게 무너지면서 양반 계층이 백성

의 토지를 **빼앗는** 일이 자주 발생해서 농민 가운데 자기 땅에서 농사를 짓는 경우는 10분의 1도 되지 않는 실정이었다. 더구나 대토지를 소유한 양반들은 소작인이 수확한 곡식의 대부분을 소작료로 거두어들였고 나라에 내는 세금도 소작인에게 부담 지우는 경우가 허다했다. 그러니 농민은 열심히 농사를 지어도 늘 굶주림에 허덕일 수밖에 없었다.

물론 우리나라의 농사법이 전혀 발전하지 못한 것도 아니었다. 대표적인 사례가 모내기의 시행이었다. 종래에는 땅에다 직접 볍씨를 뿌리던 직파 방식을 사용했는데, 볍씨를 어느 정도 키운 뒤에 논에 옮겨 심는 이앙법(모내기 방식)을 시행하면서 벼의 수확량이 엄청나게 증가했다. 하지만 늘어난 수확량의 대다수는 땅을 소유한 주인의 몫이었다. 실정이 이렇다 보니 대부분의 농민들은 소작농이 되거나 빚을 지고 집을 떠나 떠돌아다니거나 심지어 도적이 되기도 했다.

박제가는 피폐한 농촌 현실을 개선하기 위해서는 이념이나 구호가 아니라 구체적인 방법이 절실하다는 것을 누구보다도 잘 알고 있었다. 그래서 농사법의 개선, 누에치기의 장려, 농기구 개량 등 농업 생산량의 증대를 위해 심혈을 기울여서 《북학의》를 저술했을 것이다.

3. 거름

중국에서는 거름을 황금처럼 아껴서 길에는 버려진 재도 없다. 말이 지나가면 삼태기를 들고 말꽁무니를 따라다니면서 말의 분뇨를 거두어들인다. 길옆에 사는 백성들은 날마다 광주리를 가지고 가래(흙을 떠서 옮기는 농기구)를 끌고 다니면서 모래밭에서 말똥을 가려낸다. 말의 분뇨를 쌓아서 네모로 반듯하게 만들기도 하고, 혹은 세모지게 하거나 여섯모 꼴로 만든다. 그 아래 둘레는 깊이 파서 물이 어지럽게 흐르지 않도록 하였다. 분뇨를 거름으로 사용할 때에는 모두 물을 타서 진흙탕처럼 만들어서 바가지로 퍼서 쓰는데, 거름의 효력을 균등하게 나타내기 위해서다.

우리나라는 분뇨를 말려서 거름으로 쓰기 때문에 효력이 분산되어 온전하지 못하다. 성안의 분뇨를 완전히 거두어들이지 않아서 악취가 길에 가득하다. 냇가 다리의 석축 옆에는 마른 인분이 덕지덕지 쌓여 있는데 장마가 아니면 씻겨 내려가지 않는다. 개나 말의 분뇨는 항상 사람발에 밟히게 되니, 논과 밭을 잘 가꾸지 않는다는 것을 이로 미루어 짐작할 수 있다.

분뇨가 남아돌 뿐 아니라 재도 전부 길거리에 버려진다. 바람이 조금만 불기라도 하면 눈을 감히 뜰 수 없고, 이리저리 날리다가 집집마다 떨어져 술과 밥을 불결하게 만든다. 사람들은 그저 음식의 불결함만 탓하고 그것이 버려진 재에서 비롯되었다는 실상을 알지 못한다.

대체로 시골에는 사람들이 적기 때문에 재를 구하려 해도 많이 얻을 수 없다. 지금 한양성 안에서 한 해 동안 나오는 재가 몇 만 섬인지 알 수 없다. 도리어 이것을 내버리고 사용하지 않으니, 이는 몇 만 섬의 곡식을 버리는 것과 같다.

중국의 법률에 "더러운 분뇨가 흐르는 도랑을 길옆으로 통하게 만드는 자는 곤장형으로 다스리고 하숫물을 흘려보내는 것은 금하지 않는다."라는 조문이 있다. 진나라 법에 "재를 버리는 자는 사형에 처한다."라는 것이 있는데, 이는 비록 상앙[商鞅, 공손앙(公孫鞅), 전국 시대 진나라의 정치가]이 만든 혹독한 법이지만 그 취지는 농사에 힘쓰라는 것이었다. 지금 벼슬아치들은 재를 버리는 것을 금하지 않으면 안 된다. 이렇게 하면 농사에 이롭고 나라는 깨끗해지니 한 가지 일을 해서 두 가지 좋은 것을 얻는 셈이다.

〈분(糞)〉

박제가가 중국에서 본 것 중에서 인상적인 것의 하나는 거름을 황금처럼 여기는 모습이었다. 길에 떨어진 짐승의 분뇨가 없을 정도였으며, 말이 지나가면 삼태기를 들고 꽁무니를 따라다니며 말똥을 거두어들이는 모습은 그야말로 신기했을 것이다. 더구나 광주리를 가지고 가래를 끌고 다니면서 모래밭에서 말똥을 가려 줍는 모습은 더욱 진풍경이었을 것이다. 조선에는 박지원이 소개한 '예덕(穢德) 선생' 정도는 있었지만 이토록 적극적으로 사람들 대부분이 분뇨를 모은다는 것은 사뭇 다른 풍경이었을 것이다.

이렇게 중국에서는 거리의 분뇨를 거두어들여 거름으로 사용해서 곡물 생산량을 늘리고 동시에 주변 환경을 개선하는 효과도 얻었다. 그런데 조선에서는 사람이나 짐승의 똥을 거두어들이지 않기 때문에 거리에는 악취가 가득하고 냇가의 다리 근처에 쌓여 있는 것은 장맛비가 아니면 씻겨 내려가지 않을 정도였다. 거름으로 쓸 수 있는 재를 길거리에 방치하여 바람이 조금이라도 부는 날이면 눈을 뜰 수 없을 정도였으니, 재만 일정한 곳에 모아 다시 활용한다면 수만 섬의 곡식을 더 얻게 될 수 있을 것이라고 한탄한다.

조선은 농사를 천하게 여기니 농업 기술이 발전될 리가 없었다. 더구나 길에 널려 있는 거름을 활용한다는 것은 상상도 못 할 일이었을 것이다. 거름을 활용한다 할지라도 마른 것을 그냥 쓰는 정도인데 중국에서는 체계적으로 거름을 관리하고 농사에 이용해 농업 생산량을 높이고 있었다. 아울러 거리가 깨끗해지는 것은 당연한 일이었다. 연료로 쓰고 남은 재를 길거리에 함부로 버리는 일이 많아서 늘 바람이 불면 재가 날려 집 안으로 떨어지니, 음식까지 불결해진다. 박제가는 "더러운 분뇨를 흘려보내는 도랑을 길옆에 통하게 만드는 자는 곤장형으로 다스린다." 또는 "재를 함부로 버리는 자는 사형에 처한다." 라는 중국의 법을 인용하면서까지 거름을 재활용해야 한다고 주장하고 있다.

4. 목축

요동과 요서의 2000리 사이에는 가축이 우는 소리가 번갈아 들리고 가축들이 떼 지어 다닌다. 걸어 다니는 사람들이 거의 없어 걸인들조차도 나귀를 끌고 다닐 정도다. 어느 정도 부유한 집에서는 가축의 수가 제각기 10여 종에 수백 마리나 된다.

말·노새·나귀·소가 각기 10여 필이고 돼지·양이 각각 수십 필이다. 개도 수십 마리씩이며 간혹 낙타도 한두 마리 키우고 있다. 닭·거위·오리는 각각 수십 마리나 되며 집비둘기·화미(畵眉, 개똥지빠귀)·납취(蠟嘴, 종달새 암컷)·동취(銅嘴, 종달새 수컷) 등의 새들을 멋진 새장과 화려한 둥지에다 기르면서 즐긴다.

관마산(官馬山)이라는 곳은 관청에서 말을 기르는 목장인데 말들이 거의 산을 뒤덮다시피 한다. 그 밖에도 수천 마리의 가축 떼를 모두 들판에다 방목하는데 비록 눈이 오는 날씨라도 제 마음대로 다니며 물을 마시고 풀을 뜯어 먹도록 내버려 둔다. 그 말들을 모두 마구간에 가두고 곡식을 준다면 제아무리 재산이 많은 천자라 할지라도 견뎌 내지 못할 것이다.

가축에게 일을 시킬 경우 일의 경중에 따라 먹이를 두 배로 더 주기도 한다. 하루에 먹이는 양이 가끔 두 말에 이르기도 하는데, 모두 보리·수수·콩 등에 소금을 볶아서 넣어 준다. 쌀겨·쭉정이·술지게미 등 사람이 먹지 않는 것들은 주지 않는다. 다른 가축들의 먹이도 역시 대부분 사람이 먹는 곡식들이다. 옛사람이 쓴 "흉년이라 말이 조를 먹지 못한다."라는 글을 보건대, 평상시에 말에게 조를 먹였음을 짐작할 수 있다. 어떤 사람은 중국의 말이 우리나라 말에 비하여 반 정도를 먹는다고 하는데 잘못된 말이다. 중국은 곡식이 풍부하여 말에게도 곡식을 먹이는 것이 그다지 어렵지 않다는 의미일 뿐이다.

해 질 무렵에 한 사람이 들로 나가 길이 잘 든 말을 잡아타고서 소리를 한번 지르면서 막대기를 휘두르면 말과 다른 가축들이 모두 그를 따라서 집으로 들어간다. 무리가 어지럽게 흩어지지 않고 놀라서 달아나지도 않아서 10여 세의 어린아이도 그 일을 충분히 해낼 수 있다. 양과 돼지를 모는 사람들이 제각기 수백 마리를 몰고 오다가 길에서 다른 무리와 뒤섞이게 되어 통제할 수 없는 일이 생길 수 있다. 그러나 휘파람을 불고 채찍을 치는 소리가 나면 동쪽이든 서쪽이든 가던 길을 따라서 간다.

목축이란 나라의 큰 정책이다. 농사는 소를 치는 데 달려 있고, 군대는 말을 훈련시키는 데 달려 있으며, 음식을 지어 먹는 일은 돼지·양·거위·오리를 키우는 데 달려 있다. 지금 우리나라 사람들은 이렇게 중요한 목축에 대해 전혀 대책을 강구하지 않고 있다. 그런데도 음식은 반드시 쇠고기를 먹으려 하고 말은 반드시 하인을 시켜 끌도록 하면서 양을 사사로이 가축으로 키우는 사람은 없다. 돼지 너댓 마리를 몰고 가는 자는 그 귀를 끌고 가면서도 여전히 달아날까 봐 안달이다. 사정이 이렇다 보니 짐승을 다루는 방법이 날로 쇠퇴한다. 짐승을 다루는 방법이 쇠퇴하면 나라가 그로 인해 부강하지 못하게 된다. 이것은 다른 데 있지 않고 중국을 배우지 않은 잘못에 있다.

〈축목(畜牧)〉

　우리나라에서 몇 십 년 전만 해도 시골의 농가에 가면 집 울타리 안에 소 한두 마리 정도는 외양간에 매여 있고, 마당에 닭과 오리 몇 마리쯤은 모이를 쪼고 있는 모습을 흔히 볼 수 있었다. 그러나 박제가가 살았을 당시에는 그렇지 못한 모양이었다. 우리나라는 산이 많고 국토가 좁기 때문에 동물들을 방목해서 기르기 어렵다는 이유로 목축에 대한 특별한 정책이 없었고 큰 관심을 갖지도 않았다. 그래서 음식으로는 주로 소를 먹으려 했고, 말은 특정 지역인 제주에서만 길렀고, 양은 우리 땅에 적합하지 않다고 생각해서 개인적으로 기르는 사람들이 거의 없었다.

이와 달리 중국에서는 목축을 대규모로 시행하고 있었는데 기르는 가축도 다양했다. 아마도 여진족이 세운 나라였기에 유목민의 전통이 남아 있었던 것으로 보인다. 사육도 체계적이고 효율적인 방법으로 시행해서 식량 생산에 활용하는 것은 물론, 운송도 맡기고 식용 고기로도 쓰고 있었다. 그래서 박제가는 가축을 기르면 영양학적 측면뿐만 아니라 농사나 군사, 운송 등 다양한 분야에서 큰 장점을 얻을 수 있다는 점을 들어 중국의 목축 방식을 배우자고 주장한다.

농사가 흥하고 망하고는 소를 기르는 데 달려 있고, 군대가 쇠하고 흥하기는 말을 훈련시키는 데 있으며, 음식을 지어 먹는 일은 돼지나 그 밖의 가축을 키우는 데 있다는 것이 그의 생각이었다.

5. 소

소는 코를 뚫지 않았다. 오로지 중국 남방 지역의 물소가 성질이 난폭하기 때문에 코를 뚫었다. 간혹 우리나라 소를 서북의 개시(開市, 국가의 공식 무역 시장)로부터 들여오는데, 우리나라 소는 콧잔등이 낮아서 쉽게 분별할 수 있다.

소의 뿔이 비록 못생기고 울퉁불퉁하나 휘어서 바로잡을 수 있다. 털빛이 전부 푸른 것도 있다고 하나 아직 보지는 못하였다. 소는 항상 목욕을 시키고 솔질을 하여, 우리나라 소처럼 죽을 때까지 씻기지 않아 분뇨가 말라붙어 있는 것과 달랐다. 당시(唐詩)에 "기름 바른 수레는 날렵하고 금송아지는 살쪄 있구나!"라는 구절은 소의 털빛에 윤기가 흐르고 있음을 말한 것이다.

이곳에서는 소의 도살을 금지하고 있는데, 황성 안에 돼지고기를 파는 푸줏간이 72곳이 있고, 양고기를 파는 푸줏간은 70곳이 있다. 푸줏간 한 곳에서 날마다 돼지를 300마리씩 팔고 양도 마찬가지로 판다. 고기를 이같이 먹는데도 쇠고기를 파는 푸줏간은 오로지 2곳만 있다. 길에서 고기를 파는 점포의 사람들에게 상세하게 불어본 내용이다.

헤아려 보면, 우리나라에서는 날마다 소 500마리를 잡는다. 나라의 제사나 호상(犒賞, 군사들에게 상으로 음식을 내려 위로함)에 고기를 사용한다. 반궁(泮宮, 성균관)과 오부(五部, 한성을 중부·동부·서부·남부·북부로 나눈 다섯 구역) 안에 24곳의 푸줏간과 300여 고을의 관아에서 반드시 푸줏간을 열고 있다. 간혹 작은 고을에서는 매일 도살하지는 않지만 큰 고을에서 두어 마리씩 도살하니 결국 날마다 잡는 셈이다. 또 한성과 지방에서 혼인 잔치나 각종 연회, 장례와 활쏘기를 할 때에 잡는 것과 사사롭게 잡는 것을 포함해서 대략 헤아리면 그 수가 위와 같다는 것이다.

대체로 소는 열 달이 지나야 태어나고 세 살이 되어야 새끼를 낳을 수 있다. 몇 년 동안에 한 마리를 낳는 소를 날마다 500마리씩 잡아서는 안 되는 것은 분명하다. 그래서 소가 날로 귀해지는 것이 당연하다. 그러므로 소 한 마리를 갖고 있는 농부가 드물어 항상 이웃에게 빌리고, 그 대가로 날짜를 계산하여 품앗이를 해 주니 제때에 농사를 짓기 어렵다.

소를 일체 도살하지 못하게 한다면, 몇 년 안에 농사를 제대로 짓지 못하여 탄식하는 일은 없을 것이다. 어떤 사람이 "우리나라에는 다른 가축이 없어 소 잡는 것을 금지한다면 고기를 먹을 수 없다."라고 하였는데 그렇지 않다. 반드시 소를 잡는 것을 금지해야 백성들이 다른 가축을 키우기에 힘을 쏟을 것이고, 그렇게 되면 돼지와 양이 번식하게 될 것이다.

지금 어떤 사람이 돼지 두 마리를 사서 짊어지고 가다가 서로 눌려서 죽어 버리자 그 고기를 팔아야 하는데 하룻밤을 묵었는데도 팔리지 않는 것은 사람들이 돼지고기를 꺼려서 그런 것이 아니라 쇠고기가 너무 많아서 그랬을 뿐이다. 어떤 사람은 "우리나라 사람들은 돼지고기와 양고기에 익숙하지 않아서 이를 먹으면 병이 생길까 염려된다."라고 말한다. 이 또한 그렇지 않다. 음식은 습성에서 비롯된 것이니 자꾸 먹어 버릇하면 된다. 중국인들은 어찌 그 고기들을 다 먹어도 병들지 않는 것인가?

율곡(栗谷) 이이(李珥)는 평생 쇠고기를 먹지 않았다. 그는 "소의 힘으로 곡식을 먹는데 그 고기를 먹는 것이 옳단 말인가?"라고 했다. 이는 너무나 이치에 합당한 말이다.

〈우(牛)〉

소는 하나도 버릴 것이 없는 짐승이라는 말이 있다. 고기와 가죽은 물론 털과 기름, 뼈까지 어는 한 가지도 허술하게 쓰이는 것이 없다는 의미일 것이다. 박제가의 기록에 의하면 조선 시대의 사람들은 소에 대한 애착이 대단했던 모양이다. 다소 억측이겠지만 하루에 전국에서 도축되는 소의 숫자가 500마리에 이른다고 하니 그야말로 쇠고기 애호가가 많았던 셈이다.

그러나 일반 백성들은 쇠고기를 쉽게 접할 수 없었다. 종묘를 비롯한 국가 행사에 쓰이기 위한 것과 사대부 가문의 결혼과 장례 등 각종 연회에 빠짐없이 쇠고기를 썼을 뿐이다. 이러한 조선의 사정과 달리 중국에선 소를 도살하는 것을 법으로 금지하고, 평소에 소비되는 육류는 주로 돼지와 양이었다.

소는 농사에서 절대적으로 필요한 가축이다. 더구나 번식 기간도 길어 제한하지 않고 먹게 되면 소비량보다 생산량이 적어져 품귀 현상을 겪는 것은 당연한 일이었다. 그런데도 예나 지금이나 우리나라 사람들의 쇠고기 사랑은 여전했던 모양이다. 문제는 농업에서 없어서는 안 될 가축이 소였기에 농사를 지으려면 반드시 소의 힘을 빌려야 함에도 불구하고 지나치게 쇠고기를 소비한다는 것에 있었다. 막상 농사철이 되면 이웃에게 소를 빌리는 일이 잦으니 대신 품앗이를 하게 되어 농사를 제대로 짓지 못하고 시기를 놓치기 일쑤였다.

그래서 박제가는 중국과 마찬가지로 소를 도살하는 것을 금지하고 돼지와 양을 비롯한 다른 가축을 길러 식용으로 사용할 것을 주장했다. 그러나 당시 사람들은 돼지고기나 양고기에 대한 부정적인 인식 때문에 먹기를 꺼렸다. 그러나 음식을 먹는 것은 습성에서 비롯된 것이니 돼지나 양을 자꾸 먹는다면 익숙해질 것이라는 주장이다. 오늘날 우리나라에서 돼지고기나 닭고기를 많이 먹는 것을 보면 일리가 있는 말이 아닐 수 없다.

5장

상업과 교역의 장려

재물이란 우물에 비유할 수 있다. 퍼내면 늘 물이 가득하지만 퍼내기를 멈추면 물이 말라 버리는 것과 같다. 그래서 화려한 비단옷을 입지 않으면 나라에 화려한 비단을 짜는 사람이 없어지고, 길쌈과 바느질을 하는 여인들의 기술이 떨어지거나 사라진다. 비뚤어진 그릇의 사용을 꺼리지 않고, 기교를 부려 물건을 만드는 것을 숭상하지 않아서 나라에는 장인과 목축과 도공의 기술이 형편없으며 마침내 그 기술이 사라진다.

1. 사대부의 상거래 참여

중국 사람은 가난하면 장사를 하는데 참으로 현명한 생각이다. 그래도 그 사람의 풍류나 명망은 여전히 인정을 받는다. 그래서 유생이 거리낌 없이 서점을 출입하기도 하고 재상조차 직접 융복사(隆福寺) 근처 시장에 가서 골동품을 사기도 한다. 내가 융복사 시장에서 지위가 높은 인물을 만났는데 우리나라 사람들이 모두 그를 비웃었다. 그러나 비웃을 일이 아니다. 이러한 풍습은 청나라 때의 것이 아니라 이미 송이나 명 때부터 내려온 것이다.

우리나라는 겉치레만 따지고 꺼려하는 것이 너무 많다. 사대부는 빌어먹을지언정 들녘에 나가서 농사를 짓는 경우가 없다. 어쩌다 허름한 옷차림에 패랭이를 쓰고 물건을 사라고 외치며 장터를 돌아다니거나, 자와 먹통, 칼과 끌 등을 가지고 다니면서 남의 집에 품팔이하며 먹고사는 경우에는 부끄러운 일을 한다고 해서 혼사를 맺으려 들지도 않는다. 그래서 비록 집안에 돈 한 푼 없더라도 높은 갓에 넓은 소매를 단 옷을 차려입고 어슬렁거리며 큰소리만 치는 것이다.

　그러면 그들이 입고 먹는 것이 어디에서 나오겠는가? 그저 어쩔 수 없이 권력가에 빌붙어 권세를 얻으려고 하므로 청탁하는 풍습이 생기고 요행이나 바라게 되는 것이다. 이런 짓거리는 장터의 장사꾼조차도 꺼리는 일이다. 차라리 중국처럼 떳떳하게 장사하는 것보다 못하다고 말할 만하다.

〈상고(商賈)〉

　박제가는 당시로서는 파격적인 경제관을 갖고 있었다. 그래서 이 글에도 나오듯이 조선의 국시나 다름없던 사농공상의 질서를 무시한 채 사대부도 가난하면 상업에 나서라는 주장을 펼쳤다. 그는 백성이 가난을 벗어나고 나라가 부유해지기 위해서는 무엇보다 상업을 중시해야 한다고 주장하면서 중국의 관리와 조선의 사대부를 비교하기도 했다.

　당시에 조선의 사대부는 가난해서 굶어 죽을지언정 장터에 나가서 물건을 사고팔거나 기술을 배워 먹고사는 일은 결코 용납하지 않았다. 그러나 청나라의 관리는 지위 고하를 막론하고 거리낌 없이 장터를 누비고 상거래를 하는 것을 흔히 볼 수 있었다. 박제가는 이러한 사고의 차이를 청나라가 부유하고 조선이 가난을 면하지 못하는 이유 중의 하나로 꼽았다. 그래서 노비를 제외한 백성 중에서 상인을 가장 하류로 취급하는 사농공상의 신분 질서를 근본적으로 개혁해야 한다고 주장했다.

북경에는 묘회(廟會)라는 것이 있었다. 묘회는 본래 도교의 사원인 도관이나 불교 사원에서 정기적으로 열리던 행사였는데, 처음에는 종교 의식에 많은 대중이 참여하는 기회를 이용해서 상인들에게 점포를 열도록 허용한 것이 점차 종교 의식과는 무관하게 사고팔고 구경하는 것이 주를 이루는 정기 시장으로 변모했다.

북경에는 수많은 사원들이 있었고, 대부분의 사원이 저마다 묘회의 날을 정했기 때문에 전체로 보면 1년 내내 묘회가 열리지 않는 날이 없을 정도였다. 우리나라에도 오일장이 있어 상인들이 장터를 따라 옮겨 다니는 것과 마찬가지로 북경의 상인들도 묘회가 열리는 곳을 옮겨 다니며 점포를 펼치곤 했다. 그 묘회 중에서 가장 유명한 것이 융복사의 묘회였다. 융복사는 연경을 방문한 조선의 선비들이 빠짐없이 들러보던 명소이기도 했다. 지금은 그 자취를 찾아볼 수 없지만 그 터에 융복 빌딩이라는 건물이 있어 그나마 옛 정취를 추억할 수 있다고 한다.

홍대용도 1765년 11월부터 그 이듬해 봄까지 융복사에 들러 구경을 하면서 장터의 활기찬 분위기를 생동감 있게 묘사했고, 상인과 흥정하는 법 등에 관해서 기록을 남겼다. 그는 직접 필통 하나를 사려고 했는데 처음에 10여 냥을 호가하던 상인은 자기가 그냥 가려는 척하자 다시 붙잡고 값을 말해 보라고 했다는 것이다. 그러기를 서너 차례나 반복하다가 결국은 그 필통을 한 냥 두 돈에 샀다고 한다.

그러나 중국과 달리 조선에서는 사대부가 직접 돈을 만지고 물건을 사는 일은 선비답지 않은 행동으로 여겼다. 이덕무의 《입연기(入燕記)》에 보면 청나라의 칙사로 조선에 온 일이 있는 숭귀(崇貴)라는 고위 관리가 융복사에 와서 직접 물건을 고르고 흥정을 했고 혼자만 온 것이 아니라 고위직 관리들이 수를 알 수 없을 정도로 많이 왔다는 기록이 나온다.

그러면서 그는 "우리나라에서는 아직까지 아무리 가난하고 하인 하나 없는 선비라 하더라도 몸소 장에 나가 상인들과 물건을 흥정하는 것을 천박스러운 일로 여기지 않는 사람이 없으므로, 우리 눈으로 보면 숭귀의 행동은 놀랍지 않을 수 없다."라고 하면서 스스로 물건을 고르고 흥정하는 청나라 관리들을 본받을 만하다고 평하기도 했다.

2. 시장과 우물

　연경의 아홉 개 성문 안팎으로 뻗은 수십 리의 길에는 궁부(宮府, 조정)와 아문(衙門, 관청), 그리고 작은 골목을 제외하고는 대체로 길 양옆으로 모두 점포가 늘어서 있다. 시골의 점포 역시 마찬가지여서 마치 옷에 옷깃이 달린 것 같았다. 점포는 제각기 이름과 파는 물건의 품목을 쓴 가로 세로로 된 간판을 세워 걸어 두니 금빛 글자가 화려하게 빛났다. 큰길에는 따로 판자로 만든 집을 설치해 붉게 칠해 놓았고, 골목과 문 입구에는 화표(華表, 궁궐과 왕릉, 도로 양쪽에 세운 장식 기둥)나 목궐(木闕, 화표와 비슷한 기둥)을 세웠다.

　점포 안에는 늘 사람들이 가득 들어차서 마치 연극을 관람하는 인파와 같았다. 또한 동악묘(東岳廟, 북경에 있는 도교 사원)와 융복사 등지에서는 특별한 날을 정해 시장을 여는데, 여기에는 진기하고 기이한 보물과 물건들이 많아 없는 것이 없을 정도였다.

　우리나라 사람들은 중국의 번성한 시장을 처음 보고서 "오직 말단의 이익만을 숭상한다."라고 말한다. 그러나 이는 하나만 알고 둘을 모르는 말이 분명하다. 대개 상인은 사농공상의 사민(四民) 중 하나에 속하지만 이 하나가 나머지 세 부류의 백성을 소통시키기 때문에 10에 3의 비중을 차지하지 않으면 안 된다.

지금 사람들이 쌀밥을 먹고 비단옷을 입고 있다면 그 나머지 물건을 모두 쓸모없는 물건으로 여길 것이다. 그러나 쓸모없는 물건을 사용해서 쓸모 있는 물건을 유통시키지 않으면, 쓸모 있는 물건은 한곳에 묶여 유통되지 않거나 그것만 홀로 쓰이게 되어 쉽게 고갈될 것이다.

그러므로 옛날의 성왕은 이를 위해 주옥(珠玉, 진주와 옥)과 화폐 등의 물건을 만들어 가벼운 물건으로 무거운 물건을 상대하도록 했고, 무용한 물건으로 유용한 물건을 살 수 있도록 했다. 또한 배와 수레를 만들어 험난한 지역에 물건이 유통되게 했는데, 그러면서도 1000만 리 먼 곳에 물건이 이르지 못할 것을 걱정하였다. 백성들의 삶을 위하여 폭넓게 행한 정성이 이 정도였다.

지금 우리나라는 사방이 수천 리가 되어 백성들이 적지 않으며 각 지역에서 생산하는 물품 가운데 갖추어지지 않은 것이 없다. 그러나 뭍이나 물에서 생산되는 이로운 물품이 모두 세상에 나오지 않고 경제를 윤택하게 하는 제도가 제대로 갖추어져 있지 않다. 그래서 일상에 필요한 물품과 일들이 방치된 채 대책도 논의되지 않고 있다. 그러면서 중국의 거마(車馬)·가옥·단청·비단 등이 화려한 것을 보고서 사치가 너무 심하다고 말한다.

중국이 사치스러움으로 망한다고 한다년 우리나라는 검소함으로 망할 것이다. 어째서 그러한가? 물건이 있어도 쓰지 않는 것을 검소하다고 하지 자기에게 없는 물건을 스스로 쓰지 않는 것을 일컫지는 않는다. 지금 우리나라에는 진주를 캐는 집이 없고 시장에는 산호(珊瑚)의 값이 정해져 있지 않다. 금과 은을 가지고 점포에 들어가서 떡과 엿으로 바꿔 먹을 수는 없다.

이러한 실상을 보아 우리의 풍속이 정녕 검소하기를 좋아해서 그러한 것인가? 재물을 사용할 방법을 알지 못한 것에 불과할 것이다. 재물을 사용할 방법을 모르므로 재물을 만들어 내는 방법을 알지 못하고, 재물을 만들어 낼 방법을 알지 못하므로 백성의 살림은 날이 갈수록 궁핍해진다.

재물이란 우물에 비유할 수 있다. 퍼내면 늘 물이 가득하지만 퍼내기를 멈추면 물이 말라 버리는 것과 같다. 그래서 화려한 비단옷을 입지 않으면 나라에 화려한 비단을 짜는 사람이 없어지고, 길쌈과 바느질을 하는 여인들의 기술이 떨어지거나 사라진다. 비뚤어진 그릇의 사용을 꺼리지 않고, 기교를 부려 물건을 만드는 것을 숭상하지 않아서 나라에는 장인과 목축과 도공의 기술이 형편없으며 마침내 그 기술이 사라진다.

게다가 농업은 황폐해지고 농사짓는 방법은 엉망이 되고 상업을 박대해서 그 업종이 없어지게 된다. 사민(四民, 사농공상)은 모두 곤궁하게 살아서 서로 구제할 방법이 없다. 나라 안에 있는 보물도 이 땅에서는 받아들이지 않으므로 다른 나라로 흘러 들어간다. 그래서 남들은 더욱 부유해지고 우리는 매일 가난해지는 것이 자연스러운 추세가 된다.

지금 종각 네거리에는 시장이 연이어 있는 것이 1리가 채 되지 않는다. 중국에서는 내가 지나간 마을의 점포도 모두 몇 리를 덮었고, 또한 운반되는 물건의 풍성함과 품목의 다양함이 모두 우리나라 전국에서 유통되는 것으로도 미치지 못한다. 한 개의 점포가 우리나라보다 부유한 것이 아니라 유통되느냐 유통되지 않느냐에 따른 결과다.

채제공은 "지금 종루 북쪽의 거리는 협소하다. 이를 없애려면 시장 사람들로 하여금 각각 건물에다 크게 상호를 달고 '우리 점포에서는 경상도 면포를 판다.', '우리 점포에서는 남원과 평강의 선지(扇紙, 부채에 붙이는 종이)를 판다.', '우리 점포에서는 강원도와 전라도의 인삼을 판다.' 등의 글자를 크게 써 붙인다. 흥인문에서 숭례문까지 단번에 제도를 새롭게 한다면 대단히 통쾌하지 않겠는가?"라고 말했다.

중국의 우물은 비록 크더라도 반드시 구멍이 뚫린 석판이나 나무로 덮는다. 우물 구멍은 작게 만들어서 빠지거나 먼지가 들어가는 것을 막는다. 도르래를 설치하고 두 개의 두레박 통과 줄을 매달아서 하나는 왼쪽으로 움직이고 하나는 오른쪽으로 움직이게 한다. 하나가 위로 올라가면 하나는 아래로 내려가게 만들었으니 보통 것에 비하여 배가 많은 물을 퍼낼 수 있다.

〈시정(市井)〉

　가난하면 도둑이 많아진다는 말이 있듯이 경제 문제는 그 사회의 도덕성을 결정하는 중요한 요인으로 작용한다. 박제가는 우리나라가 가난한 것은 다른 나라와의 교역이 부진한 탓이고 그것은 우물을 긷지 않는 것처럼 부의 원천을 활용하지 못한 것이라고 주장한다. 그러면서 당시에는 누구나 중시하던 검소 관념을 비판하고 도리어 화려하게 쓰는 것이 경제에 도움이 된다는 논리를 펼친다.

　경제를 우물에 비유해서 자꾸 퍼서 쓰면 새로운 물이 솟아올라 늘 가득차지만 그냥 버려 두면 말라 버린다고도 말한다. 소비가 늘어나면 생산 활동이 촉진되어 결국은 경제 활동이 활발하게 이루어진다는 뜻이다. 이런 논리는 본래 유교에서 지향하는 이상과는 거리가 먼 것이다. 공자는 《논어》에서 "군자는 옳고 그름을 따지는 데 밝고 소인은 이로움과 해로움을 따지는 일에 밝다."라고 말했듯이, 유교에서는 이익을 추구하는 장사를 업신여기고 검소와 절약을 미덕으로 여겼다. 사치함과 검소함에 따라 나라의 흥망이 좌우되니 임금은 물론 사대부들이 사치를 멀리하고 검소를 몸소 실천하여 일반 백성의 모범이 되어야 한다고 강조한 실학자도 있었지만 박제가는 오직 검소함만을 강조하는 태도를 비판했다. 물론 검약 그 자체를 부정한 것은 아니었다. 당시의 대다수 백성들은 쓸 물건조차 없는 형편인데 어찌 검소를 강조할 것이냐고 박제가는 비판했다. 그래서 사농공상이라는 신분 질서를 철폐하고 상업이 차지하는 비중을 높여야 한다고 주장했던 것이다.

이와 더불어 다음 절에 나오듯이 나라의 가장 큰 병폐인 가난을 해소하기 위해서 중국과의 교역이 반드시 필요하다고 말한다. 특히 바다가 삼면인 우리나라의 지리적 특성을 고려할 때 배를 이용한 통상 교역을 주장했다. 그리고 중국과의 교역을 발판으로 삼아 일본을 비롯해서 동남아시아 지역까지 교역을 확대하자고 했다.

3. 중국과의 교역

우리나라는 국토가 작고 백성들은 가난하다. 지금 우리나라는 온갖 힘을 들여 논밭을 갈고 현명한 인재를 등용하며 상인들에게는 장사를 허용하고 장인들에게는 일정한 혜택을 주어, 나라 안에서 생기는 모든 이익을 소진한다고 해도 오히려 부족할까 걱정해야 한다. 그래서 반드시 먼 곳에서 생산되는 물건을 통상하고 가져와야 재물이 불어나고 갖가지 쓸 만한 물건이 늘어나게 된다.

수레 100대에 물건을 싣는 것은 배 1척에 싣는 것에 미치지 못하고, 육로로 1천 리를 가는 것은 해로로 1만 리를 가는 것보다 편리하지 않다. 그러므로 통상을 하려는 상인은 반드시 수로로 가는 것을 중요하게 여긴다. 우리나라는 삼면이 바다로 둘러싸여 있다. 서쪽으로 등주[登州, 지금의 산동성 용구시(龍口市) 지역]나 내주[萊州, 지금의 산동성 연태시(烟台市) 지역]와의 거리가 직선으로 600여 리이고, 남해의 최남단은 오(吳)의 머리 부분과 초(楚)의 꼬리 부분에 위치한 강서 지역과 서로 바라보고 있다. 송나라의 배가 고려와 통상했을 때 7일이면 예성강에 도착할 수 있으니 가깝다고 할 수 있다. 그러나 우리 조선은 거의 400년 동안 다른 나라와 한 척의 배도 통상을 하지 않았다.

어린아이가 낯선 손님을 보고 부끄러워 머뭇거리다 우는 것은, 본성이 그러한 것이 아니라 견문이 적어 괴이하게 여기는 것이 많아서일 뿐이다. 우리나라 사람들은 쉽게 두려워하고 싫어하는 것이 많다. 풍속과 기질이 순박하고 재능과 식견이 활짝 열리지 못한 것은 바로 이 때문이다.

일찍이 황차(黃茶, 발효차의 일종)를 실은 배 한 척이 표류하여 남해에 다다른 것을 본 적이 있다. 나라에서 10여 년 동안 황차를 사용했는데 지금도 남아 있다. 다른 물건도 그러할 것이다. 지금 무명옷을 입는 것과 백지에 글을 쓰는 것도 풍족하지 않은데, 한번 배로 통상을 한다면 비단옷을 입고 죽지(竹紙, 어린 대나무를 원료로 만든 얇은 중국산 종이)에 글을 쓸 정도로 여유가 있을 것이다.

옛날 왜가 중국과 통상하지 않았을 때에는 우리나라를 통해 연경에서 실을 사들여 갔다. 그래서 우리나라 사람들은 중간에서 이익을 얻을 수 있었다. 왜가 매우 이롭지 못함을 알고서 중국과 직접 통상을 한 후에는 다른 나라와 교역을 하는 것이 30여 개국에 이른다. 그들 중에는 중국어를 잘하는 사람이 종종 있어 천태산(天台山, 절강성 태주시 북쪽에 있는 산)과 안탕산(雁蕩山, 절강성 온주시 북쪽에 있는 산)의 기이한 경치를 능숙하게 설명하고 있다. 천하의 진귀하고 괴이한 물건과 중국의 골동품과 서화가 장기(長崎, 나가사키)에 몰려들고 있어 다시는 우리에게 물건을 요청하는 일이 없었다.

계미년(癸未年, 1763년, 영조 39년)에 통신사가 일본에 들어갔을 때 문서 기록 담당자가 우연히 중국의 먹을 찾았는데 저들이 중국 먹을 한 바구니 가지고 왔다. 또한 하루 종일 가는 길에 붉은 융단을 깔아 주었는데, 다음 날도 다시 똑같이 하였다. 그 자랑하고 과시하는 것이 이런 정도였다.

자기 나라가 부강해지길 바라지 않는 사람은 없다. 그런데 부강해지는 방법을 어째서 남에게 양보한단 말인가? 지금 배로 통상을 하여야 한다. 왜인들은 약아서 늘 이웃 나라의 틈새를 엿본다. 안남(安南, 베트남)·유구(琉球, 오키나와)·대만(臺灣, 타이완) 등과 같은 나라는 길이 험하고 멀어서 통상할 수 없고, 오직 중국만이 가능할 뿐이다.

중국은 100여 년 동안 태평한 시대를 누리고 있고, 우리는 공순하고 다른 마음을 품지 않는다는 것을 잘 알고 있다. 그래서 논리를 잘 펴서 청하길, "일본·유구·안남·서양의 나라들조차 모두 민(閩, 복건성 일대)·절강·교주(交州, 광서성 일대)·광동 지역에서 교역을 한다. 우리도 저들 나라와 같이 하길 원한다."라고 한다면, 저들은 반드시 허락할 것이다. 그리고 우리를 의심하지 않고 특별한 걱정을 하지 않을 것이다.

그런 다음 우리는 나라 안에 있는 기술자를 모아서 배를 만들되, 중국의 제조 기술을 본받아 견고하고 치밀하게 만드는 데 힘써야 한다. 지금 황당선(荒唐船, 서해 경계를 침범했던 중국이나 서양의 배)이 황해도에 와서 정박했는데, 모두 광녕(廣寧, 요녕성 인근 지역)의 각화도(覺花島) 사람들이다. 항상 4월에 와서 해삼을 채취해서 8월이면 돌아간다. 이왕 금지할 수 없으면 시장을 열어 주고 뇌물도 두둑하게 주면서 꾀어내는 것이 낫다. 그러면 배를 만드는 기술을 배우는 것은 어렵지 않을 것이다.

또한 반드시 일찍이 표류를 경험한 사람과 우리나라 서해안의 대청도·소청도·흑도의 백성들을 모아 수로를 안내해 주고 중국의 해상(海商, 바다를 왕래하는 상인)을 초청하게 한다. 해마다 10여 척씩 불러오되 전라도와 충청도 사이와 경강(京江, 한강)의 입구에 한두 번씩 정박하게 한 다음 해안 경비를 삼엄하게 하여 다른 우환에 대비한다. 배에 올라 교역을 할 때에는 시끄럽게 떠들거나 밀고 당기지 말아야 한다. 먼 곳에서 온 사람들에게 비웃음과 모욕을 당하는 일이 없어야 한다. 선주를 후하게 대접하되 빈객의 예로써 대우하기를 고려의 옛 관례와 같게 한다.

이와 같이 한다면 우리 스스로 가지 않아도 저들이 스스로 우리를 찾아올 것이다. 우리는 저들의 기예를 배우고, 그들의 풍속을 물어 견문을 넓혀야 한다. 그래야 천하가 얼마나 큰지 깨닫고 우물 안 개구리의 부끄러움을 알게 될 것이다. 이것이 세상을 밝은 도리로 이끌어 가는 기반이니 어찌 교역의 이익만을 얻겠는가? 토정 이지함은 일찍이 다른 나라의 상선 여러 척과 통상을 하여 전라도의 가난함을 구제하려고 한 적이 있었다. 그 탁월한 식견에 진실로 미칠 수가 없다.

다만 중국의 배와 통상을 하고 해외의 여러 나라와 통상하지는 말자고 했는데, 이 역시 일시적인 책략일 뿐이지 정론(定論)은 아니다. 국력이 점차 강해지고 백성들의 생업이 안정되면 마땅히 그들과도 차례차례 통상을 해야 한다.

〈통강남절강상박의(通江南浙工商舶議)〉

이 글만이 아니라 《북학의》 곳곳에서 박제가는 오직 통상만이 가난한 나라를 구제할 수 있는 방법이라고 건의하고 있다. 조선은 작고 가난한 나라이기 때문에 국내 산업을 육성해도 이익을 최대한으로 끌어올리기에는 한계가 있다고 보았다. 그래서 먼저 중국과의 통상을 주장했다. 우리나라는 삼면이 바다이고 중국과 연안을 마주하고 있으니 당연히 바닷길을 통해 중국과 무역을 한다면 얻는 이익이 크다는 것이다. 물론 중국과 육로로도 무역하지만, 해상을 통한 무역이 이루어진다면 수레 100대보다 배 1척이 싣는 물량이 더 많다면서 훨씬 이점이 있다고 주장한다.

그런데도 조선은 건국 이래 해상을 통해 외국과 교역하는 것을 금했고, 중국과의 교역도 조공 사절을 따라간 상인들에게 육로 무역만 허용하고 있었다. 일본과도 지정된 항구에서만 무역을 허용하고 있었고 서양을 비롯한 다른 나라들과는 일체 교류를 허용하지 않는 쇄국 정책을 펴고 있었다. 그러니 박제가가 우선 중국과 통상을 하고 이어서 일본이나 동남아시아, 그리고 서양 국가들과 해로를 통한 교역을 주장한 것은 그야말로 문호를 개방하자는 것이었다.

말하자면 박제가는 중국과의 통상을 먼저 진행해서 그 이득을 확인한다면 더 많은 나라들과 교역할 수 있다고 보았다. 중국과의 교역을 통해 기반을 다지고 그를 바탕으로 일본으로 넓혀 가고, 나아가서 동남아시아 등으로 그 영역을 확대하자고 한 것이다. 1786년 정조에게 제출한 정책 건의안인 〈병오소회(丙午所懷)〉에서도 나라의 가난이 가장 큰 병폐이니 그 병폐를 없애기 위해서는 무엇보다 중국과의 통상이 우선이라는 주장을 했다. 이러한 점에서 보면 박제가의 주장은 단순히 외국과의 교역을 넓히자는 것이 아니라 나라의 문호를 열자는 '개국 통상론'이라고 할 수 있다. 다른 나라와의 교역을 통해 나라의 이익이 창출될 것이라고 보았기 때문이다.

이 글에서도 박제가는 해상을 통한 무역이 이루어지지 못하는 원인을 검소함을 미덕으로 삼는 당시 조선의 풍조에 있다고 보았다. 이러한 풍조로 인해 기예(技藝)는 멸시받았고 유통과 소비도 위축되어 백성들의 살림살이가 날로 궁핍해지고 있다고 본 것이다. 그래서 앞에서도 나왔지만 소비를 우물에 비유해서 우물물을 퍼서 쓰면 새로물이 고이듯이 소비가 촉진될수록 생산도 촉진되어 이를 통한 국부(國富)가 창출된다고 주장했다. 여기서 우물이 제 역할을 할 수 있도록 하는 원동력으로 외국과의 통상 무역을 꼽았다.

한편 박제가는 해상 운송에 필요한 선박과 관련해서 우리나라의 선박 제조 기술의 낙후성을 지적하고 중국의 황당선[荒唐船, 조선 중기 이후에 연안 지역에 출몰했던 정체불명의 배들을 가리키는 표현으로 모양이 동양 세계의 배와 달리 특이한 모양이어서 이양선(異樣船)·이국선(異國船)이라고도 했다]이 매년 4월에 황해도에 와서 해삼을 따 가지고 8월에 돌아가는데, 그 선원들을 꾀어 선박 제조 기술을 배우고 우리나라 공인들로 하여금 중국처럼 견고한 선박을 제조해야 한다고도 주장했다. 이러한 방법으로 선박 제조 기술을 습득하려고 한 것은 당시 중국이 군사상의 이유로 선박 제조 기술을 해외에 유출하는 것을 막았기 때문인 것으로 보인다. 뒤에 정약용도 다른 제조 기술은 중국으로부터 배워야 한다고 하면서도 선박 제조 기술은 중국에 의뢰할 수 없고 외국의 표류선을 통해서 그 기술을 스스로 습득해야 한다고 했는데, 이것으로 미루어 볼 때 중국이 선박 제조 기술을 전수하는 것을 꺼리고 있었던 것 같다.

4. 중국어를 공용어로

    중국어는 문자의 근본이다. 예를 들면 천(天, 티앤, tiān)을 그대로 천(天, 티앤)이라고 부르는데 우리처럼 우리말로 풀어서 '하늘 천'이라고 하는 중복의 장벽이 전혀 없다. 따라서 사물의 이름을 분간하기가 특히 용이하다. 글을 모르는 부인이나 어린아이도 일상적으로 쓰는 말이 모두 제대로 문구(文句)를 이루고, 경서와 역사서, 제자서(諸子書)와 문집(文集)에 있는 글월이 입에서 지껄이는 대로 나온다.

    어째서 그러한가? 중국은 말로 인해 문자가 나왔고, 문자를 탐구해서 그 말을 풀이하지 않기 때문이다. 그러므로 비록 다른 나라가 중국처럼 문학을 숭상하고 독서하기를 좋아한다 하더라도, 결국에는 중국과 차이가 발생하지 않을 수 없다. 언어라고 하는 하나의 커다란 눈꺼풀을 결코 벗어 버릴 수 없기 때문이다.

    우리나라는 중국과 가깝게 국경을 마주하고 있고 글자의 소리가 중국의 글자 소리와 비슷하다. 그러므로 온 나라 사람이 본래 사용하는 말을 버린다고 해도 안 될 이치가 없다. 이렇게 본래 사용하는 말을 버린 다음에야 오랑캐라는 모욕적인 글자로 불리는 신세를 면할 수 있고, 동쪽 땅 수천 리에서 스스로 주나라·한나라·당나라·송나라의 풍속과 기운이 나타날 것이다. 이 어찌 크게 기쁜 일이 아니겠는가?

이 말에 어떤 자는 이렇게 반박하기도 한다. "중국은 말이 글자와 동일하다. 따라서 말이 변하면 문자의 발음도 그에 따라 변한다. 우리나라는 말은 그대로 사용하고, 글은 글대로 사용한다. 따라서 맨 처음 받아들여 배운 한자의 소리를 그대로 유지할 수가 있다. 중국의 경우 침운(侵韻, 하평성의 하나)이 진운(眞韻, 상평성의 하나)과 섞여 쓰이나 우리나라는 입성(入聲, 중국의 사성 가운데 하나로 한국어 발음으로 k, t, p 발음으로 끝나는 소리 國, 入, 落 등)에 여전히 종성(終聲, 음절의 마지막 자음)이 남아 있다. 어느 것이 옳고 어느 것을 취해야 할지 누가 판단해서 결정하겠는가?"

그 반박으로 나는 이렇게 답하겠다. 내 말은 우리말을 버려야만 중국과 대등해질 수 있다는 뜻이다. 중국과 대등해지지 않는다면 한자의 소리가 옛날의 소리와 같다고 한들 아무런 소용이 없다. 따라서 글과 말을 하나로 통일시키면 그로써 충분하다. 옛 한자의 소리가 바뀐 문제는 음운학에 정통한 학자에게 맡겨 고증하게 해도 충분하다.

옛날에 기자(箕子)는 5000명의 백성을 거느리고 와서 평양에 도읍을 정했다. 그러므로 그 당시 백성들이 그들이 쓰는 중국어를 배웠을 것이 분명하다. 한나라는 조선을 복속시키고 사군을 설치하기도 했다. 그런데 그 말이 전해 오지 않은 것은 무엇 때문일까? 혹시 발해의 땅이 완전히 요동으로 편입되면서 한사군의 백성들이 중국으로 들어가고 우리 조선으로 귀속하지 않은 결과는 아닐까?

지금 우리말 중에는 신라 시대의 용어가 많다. 서울(徐菀), 이사금(尼斯今) 등이 그 실례다. 고려의 왕씨 왕조가 원나라와 교역하면서 몽골어가 섞였는데 복아(卜兒, 불알), 불화(不花, 송아지), 수라(水剌, 임금에게 올리는 음식) 같은 말이 그 실례다. 임진년(1592년)에는 명나라 원군이 조선의 사방으로 출정했다. 그로 인해 중국어를 배운 백성들이 많았는데, 지금도 그때 익힌 중국어가 남아 있다.

역대 임금들은 중국어를 익히도록 명을 내리셔서 조회를 하는 자리에서 우리말을 금지한다는 팻말을 세웠다. 또한 백성들에게는 중국어로 소송하게 했다. 단순히 외교 사절 사이에 통역하려고 그렇게 했겠는가? 장차 큰일을 도모하고자 한 일이었을 텐데 말을 완전히 바꿀 수는 없었다. 아아! 지금은 중국어를 오랑캐가 지껄이는 조잡한 언어로 여기지 않는 자가 거의 없다.

〈한어(漢語)〉

박제가는 중국어가 문자의 근본이라고 보았다. 중국어는 말 자체가 문자이기 때문에 남녀노소 누구나 일상적으로 쓰는 말이 모두 제대로 문구를 이루고 있고, 경전이나 역사서에 있는 글이 입에서 줄줄

쏟아져 나온다는 것이다. 예를 들어 중국에서 하늘 천(天)을 그대로 '티앤'이라고 하지만 우리는 '하늘 천'이라고 풀어서 부르기 때문에 한 단계를 더 거쳐야 한다는 것이다. 그렇기 때문에 다른 나라에서 아무리 문학을 숭상하고 독서를 좋아한다고 해도 그 수준에서 결국 중국과 차이가 생길 수밖에 없다는 것이다.

그래서 박제가는 우리말을 버리고 중국어를 사용해야 한다는 다소 지나친 주장까지 했다. 우리나라는 중국과 지리적으로 가깝고 글자의 소리, 말하자면 한자의 음도 중국과 비슷하기 때문에 아예 중국어를 쓰는 것이 가능하다는 주장이다. 심지어 그는 중국어를 사용해야만 중국과 대등해질 수 있고, 변방 오랑캐라고 모욕을 당하는 신세를 면할 수 있다고도 했다.

이러한 주장은 민족의식이 결여되었다고 비판받을 수도 있다. 오직 중국의 선진 문명을 익히고 따라가려는 목적만을 고려한다면 이해할 수 있는 부분이 있지만, 미래의 한국인이 독자적인 자기 나라 글을 사용해서 민족적 자존심을 발휘하리라는 점을 예견하지 못한 단견이라고 볼 수 있다. 이는 조선의 사대부들이 한자 문화에 익숙해서 사용하는 말과 글의 차이를 아예 없애자는 발상으로 보이는데, 일반 백성들은 한자를 배울 만한 시간이나 능력이 없다는 점을 고려하지 못한 주장이라 할 수 있다.

5. 통역

청나라가 흥성한 이래로 우리나라의 사대부는 중국과 연계된 모든 것을 부끄럽게 여긴다. 어찌할 도리가 없어 사절단을 만들어 청나라에 들어가기는 하지만 일체의 행사나 문서, 그리고 대화를 주고받는 일을 모두 역관에게 맡긴다.

책문(柵門, 만주 입구인 봉황성의 문)에 들어서서 연경에 도착하기까지 2000리 길인데, 지나가는 고을의 관원과 상견례를 하는 법이 없다. 다만 각 지방에는 통사관(通事官, 중국의 관원으로 외국 사절과의 통역이나 번역을 담당함)이 있어 각 지방마다 사절을 접대하고 말에게 꼴을 먹이고 일행의 식량을 공급하는 일을 처리할 뿐이다. 이것은 저들의 의도에 따라 그러는 것이 아니라 우리가 저들을 싫어하여 쳐다보지도 않기 때문에 그렇게 하는 것이다.

사정이 이렇다 보니 예부(禮部)와 접촉을 해도 입으로 무슨 말을 할 수 있겠는가? 역관이 처리하면 그대로 따를 수밖에 없다. 조선관(朝鮮館, 조선 사신의 숙소) 안에 틀어박혀 있으니 눈으로 무엇을 관찰할 수 있겠는가? 역관이 이러저러하다 하면 그대로 따를 수밖에 없다. 아무리 귀를 기울여 들어 보아도 지척의 거리에서도 무슨 말을 하는지 알지 못한다.

통사관이 뇌물을 요구하면 역관들은 그들의 조종을 달게 받는다. 역관들은 저들의 뜻을 받들어 허둥대면서 혹시라도 저들의 마음에 들지 못할까 벌벌 떤다. 그들의 속내에 한없는 계략이 숨어 있기라도 한 듯이 늘 조바심을 내는 것이다. 역관들을 너무 의심하는 것은 지나친 처사지만 그렇다고 너무 믿어 버리면 안 된다.

또한 사신을 해마다 새로 파견하기 때문에 사신으로 가는 일이 해마다 생소하다. 다행히 천하가 평화로운 시절이라 서로 관련된 기밀이 없으므로 역관에게 통역을 맡겨도 특별히 큰 사건이 생기지는 않는다. 다만 예상하지 못한 전란이라도 생긴다면 팔짱을 낀 채 역관의 입이나 바라보고 있을 것인가? 사대부가 이러한 문제에 대해 생각이 미친다면 단지 중국어를 익히는 데만 그쳐서는 안 된다. 만주어·몽고어·일본어까지도 모두 배워야만 수치스러운 일이 생기지 않을 것이다.

지금 역학(譯學, 역관을 뽑는 학문)이 쇠퇴하여 훌륭한 통역자라고 칭송을 듣는 사람이 열 명도 채 되지 않는다. 열 명의 훌륭한 통역자조차도 모두 선발 시험에 뽑힐 수가 없다. 그렇지만 일단 뽑히면 입으로 중국어 한마디를 할 줄 몰라도 반드시 사신 행렬에 충원되어 역관의 녹봉을 받게 한다. 사정이 이와 같으니 역관이라는 직책은 역관 패거리들이 번갈아 가며 장사를 해 먹기 위해 설치한 직책인 셈이다. 그러므로 두 나라의 말을 통역할 때 국사를 그르치거나 응답을 제대로 못 하는 결과를 낳지 않을 리가 없다.

그러므로 통역에 재능이 있는 인재를 뽑을 때에 관례를 따르지 않는다면 통역 교육이 저절로 진흥될 것이다. 그렇다면 누가 역관 시험을 주관하는 것이 좋겠는가? 시험의 주관을 역관에게 맡기면 같은 패거리를 뽑을 것이고, 사대부에게 맡기면 귀머거리에게 맡기는 격이 된다. 비유하자면 음률을 모르는 자에게 음곡의 평가를 맡기는 격이니 비웃지 않을 악공이 거의 없을 것이다. 그렇지만 역관의 선발 역시 사대부가 짊어져야 할 책무다.

관서(關西, 평안도와 황해도) 지역의 마부는 중국어를 잘하지만 글자를 아는 자가 드물어 아무리 노력해도 역관으로 뽑힐 수 없다. 간혹 문장에 능숙한 자가 있는데 이들은 오직 장사하는 데만 익숙해서 관원이나 인재들을 접해 보지 못했다. 그래서 이들은 갑자기 먼 지방의 사대부나 표류한 배의 선원을 만나면 그들의 말을 알아듣지 못한다. 그 이유는 남의 말을 배우는 것이 어려운 것이 아니라 남들이 하는 말을 알아듣기 어려운 데 있다.

남이 하는 말을 잘 알아들어야 지극한 즐거움이 생긴다. 일찍이 축지당[祝芷堂, 이름이 축덕린(祝德麟)으로 중국의 학자]과 반난타[潘蘭垞, 반정균(潘庭筠)으로 역시 중국의 학자] 등과 대화를 나눌 때 그 가운데 시부(詩賦)와 여러 학자의 어휘를 뒤섞어 사용할 뿐 아니라 종종 보기 드문 책을 꺼내서 대화를 나누기도 했는데, 저들의 역관들도 그 대화를 알아들었다.

〈통역(通譯)〉

조선 시대에도 주변 국가와 외교 관계를 맺고 있었기에 당연히 외국어 교육의 중요성을 인식하여 체계적인 교육이 이루어졌다. 외국어 공부를 위한 학습교재가 있었고, 외국어 전문 교육기관인 사역원(司譯院)도 있었다. 지식인층 중 상당수도 중국어를 능숙히 구사하였다. 특히 세종 시대의 학자 신숙주는 중국어뿐만 아니라 만주어·몽골어·일본어까지 두루 능통하다는 평을 받았다고 한다.

1415년(태종 15년)에 사역원이 설치된 후 처음에는 중국어와 몽골어만 개설되었다가 나중에 일본어가 개설됐기 때문에 일본어를 '신어(新語)' 또는 '신학(新學)'이라 부르기도 했다. 후에 만주어도 개설되었으나 중국 사신을 접대하고 중국에 파견되는 사절단을 수행하는 역관들을 중심으로 중국어 학습이 이루어졌기에 제1 외국어는 당연히 중국어였고, 사역원에서도 중국어를 관장하는 한학청(漢學廳)의 규모가 가장 컸다.

당시 역관을 선발하는 과거 시험은 잡과(雜科)에 속한 역과(譯科)였는데, 초시는 사역원에서, 복시는 예조와 사역원에서 주재했다. 역관은 추천에 의하여 심사를 받고 적격자로 판정을 받으면 사역원에 들어가 본격적인 외국어 학습을 하였다. 그러나 사역원에 들어갔다고 해서 바로 역관이 되는 것은 아니었고, 엄격한 수련 과정을 거쳐야 했다.

기술직이 천시됐던 조선 시대의 역관은 신분상 중인에 속하였다. 중인 신분은 세습되었으므로 대개 역관은 특정 가문에서 연이어 배출되는 일이 많았다. 그러다 보니 선발 과정에서 부정이 발생하고 교육을 비롯한 관리 체계가 무너져 일정 수준에 미치지 못한 역관을 배출하는 폐단으로 드러나기 시작하였다. 더구나 최대 교역 국가인 청의 사정에 생소한 사대부들을 사신으로 보내니 의사소통이 되지 않을뿐더러 제대로 된 교류나 교섭이 어려웠고, 이는 자연스럽게 대부분의 거래를 말단 관리인 역관에게만 의존하기에 이르렀다.

박제가는 이러한 풍토의 문제점을 지적하면서 역관 선발과 실질적인 교육 등에 관한 대안도 제시했다. 역관을 선발하는 시험 제도를 개선해서 실질적인 통역 능력을 중심으로 뽑고 사대부들도 외국어를 배우게 해서 통상 교류의 임무를 주관하게 만들어야 한다고 주장했다. 무엇보다 사대부들이 외교를 잘하기 위해서는 중국어만이 아니라 만주어·몽골어·일본어 등의 다양한 외국어도 익혀야 한다고 주장하여, 통상 교역에서 농간을 부리는 역관의 행태를 방지함과 동시에 겉치레만 힘쓰며 놀고먹는 사대부들을 통상 교역의 현장으로 유도할 것을 강조했다.

이렇게 박제가가 통역을 중요하게 여긴 까닭은 외국과의 통상 교역을 확대해야 나라의 재화나 부가 늘어난다고 보았기 때문이다. 통상 교역의 확대는 국내 생산을 자극해서 국내 산업의 생산량 확대를 촉진시키고 나아가 백성들의 삶을 윤택하게 만들 수 있다는 것이다. 여기서 윤활유 역할을 할 수 있는 것으로 은(銀)을 비롯한 화폐의 개량 및 유통도 들어 있었다. 박제가의 다음 시를 곱씹어 볼 만하다.

땅을 파 황금을 얻어, 만 근이어도 부질없이 굶어 죽고.
바다에 들어가 명주를 캐어, 백 섬이어도 개똥과 바꾼다네.
개똥은 오히려 거름이 될 수 있지만, 명주는 어디에 쓰랴?
육로로 재화가 연경과 통하지 않고, 바다 상인은 일본 땅을 넘나들지 못하네.
비유하자면 들판에 우물이 있는데, 물 긷지 않아 저절로 말라 버리는 격.
편안과 가난은 보물에 달려 있지 않으니, 생활의 방도가 날로 힘들어짐을 걱정하네.
지나치게 검소하면 백성이 즐거워하지 않고, 지나치게 가난하면 도둑이 많아지네.

― 새벽에 앉아 회포를 적다[효좌서회(曉坐書懷)]

6장

생활용품의 개선

우리나라 사람들은 일찍이 아침저녁 사이에 생길 일도 걱정하지 않기 때문에 온갖 기술이 황폐해지고 날마다 하는 일도 없이 소란스럽기만 하다. 백성들은 그로 인해서 일정한 의지가 없고, 나라에는 그로 인해서 항상 유지되는 법이 없다.

1. 간장과 된장

우리나라 사람들은 번번이 우리 음식을 자랑하면서 중국 음식보다 낫다고 말한다. 하지만 이것은 음식의 근본을 전혀 따지지 않고 떠드는 말이다. 특히 더러워서 입에 댈 수조차 없는 것이 바로 장이다.

지금 강가의 마을이나 산중의 절에서 메주를 만든다. 먼저 가깝거나 먼 지역에서 나오는 콩을 한데 모아서 삶는데, 콩이 너무 많아 좋은 것을 고를 수 없다는 핑계를 댄다. 콩을 파는 사람은 질을 가리지 않고 사는 사람은 콩을 씻지도 않는다. 좀이 먹은 것이나 모래가 섞여 있지만 멀쩡하게 여겨 전혀 이상하게 생각하지 않는다. 앞으로 먹어야 할 장을 만들면서 메주를 더럽게 만드는 것은 우물물을 마시려고 하면서 우물에 분뇨를 던지는 것과 같다.

또한 콩을 다 삶으면 사용하지 않는 빈 배에다 가득 붓고 옷을 벗고선 맨발로 일제히 콩을 밟아댄다. 그러면 온몸에 흘러내리는 땀이 모두 다리 아래로 떨어진다. 게다가 수많은 사내들의 침과 콧물이 모조리 배 안으로 떨어진다. 그러니 요사이 장에서 종종 손톱 발톱이나 몸의 털이 발견된다. 그래서 체를 사용해서 모래나 지푸라기 같은 잡물을 걸러낸 다음 비로소 먹을 수 있다. 세상이 서로 이런 잘못에 물들어 가니 그 폐단이 이와 같다.

이런 것을 생각하면 구역질이 난다. 모름지기 메주 제조를 감독하는 관청을 설치해서 도구를 편리하게 사용하는 방법을 가르쳐야 한다. 1만 섬이나 되는 많은 콩을 정제하는 것도 그다지 어려운 것이 아닌데, 하물며 솥 하나에 넣는 콩이야 말할 나위가 있겠는가?

지금 강계(江界, 옛 평안북도, 지금의 자강도 지역) 사람들은 메주를 만들 때 반드시 물에 씻어서 처리한다. 콩을 삶은 다음에는 몽둥이로 쳐서 다지고, 메주를 자를 때에는 반드시 네모 반듯하게 만든다. 이렇게 하면 좋은 것이다. 중국은 메주를 띄울 때 대모(玳瑁, 바다거북 껍데기) 같은 것을 잘라서 물에 넣으면 즉시 간장이 맑아진다고 한다. 먼 길을 가는 사람들은 이를 지니고 간다고 한다.

〈장(醬)〉

지금도 교외로 나가면 한적한 곳의 기와집에서 식당을 차려 놓았는데, 뒷마당에는 수많은 장독을 진열한 광경을 볼 수 있다. 기품이 높아 보이는 주인장의 손길로 장을 퍼내어 음식을 차리는 과정에서 우리는 먼 옛날 평화로운 조선의 어느 부유한 가정을 연상하곤 했다.

그러나 박제가의 이 글을 보면 그야말로 장맛, 아니 입맛이 뚝 떨어지는 내용을 담고 있다.

우리 먹을거리의 밑바탕이라 할 수 있는 간장과 된장이 씻지 않은 더러운 콩으로 만들며 그 위생 상태도 엄청나게 떨어진다는 것이다. 당연한 것이지만 메주를 청결한 방법으로 만드는 방법이 절대적으로 필요하다는 것이 박제가의 지적이다. 그래서 제안한 것이 간장과 된장을 청결하게 만들 수 있도록 관청에서 장 담그는 법을 교육시켜야 한다는 것이다. 장맛은 각 가정마다 고유한 것이고 저마다 자랑으로 여기는 것이지만 국가 기관이 나서서 생산 관리를 한다면, 경제를 촉진시키는 한편 청결도 유지할 수 있다는 정도로 이해하면 될 듯하다.

2. 골동품과 서화

연경의 유리창 좌우로 난 10여 리의 거리와 용봉사 근처 시장 등의 장소에는 대충 살펴만 보아도 휘황찬란한 구경거리가 많아서, 무어라고 이름을 붙이거나 형상을 그려 내기가 불가능하다. 그것들은 모두 술잔이나 제기·고옥(古玉)·서화 등의 기묘한 물건들이다. 실제로는 진품 또한 드물다. 그러나 천하의 수만금 재물이 모두 이곳으로 몰려들어 물건을 거래하는 장사꾼들이 끊이지 않고 있다.

이를 두고 어떤 자는 "부유하지만 백성들에게 아무 이익을 주지 못한다. 그러니 그 물건들을 모두 불태워 버린들 무슨 손해가 있겠는가?"라고 말한다. 그 사람이 한 말이 아주 옳은 것 같지만 실상은 그렇지 않다. 푸른 산과 흰 구름은 먹거나 입을 수 없는 것이지만 사람들은 무척 아낀다. 만약 저러한 골동품과 서화가 백성들에게 아무 관련이 없다는 이유를 들어 좋아할 줄도 모르고 그에 대해 완고하기만 하다면 그런 사람은 어떤 사람이라고 해야 하는가?

따라서 짐승이나 벌레·물고기와 같이 이름을 가진 동식물과 술잔·술독·제기와 같이 형태를 가진 물건과 산천이나 사시사철을 묘사한 서화와 같이 의미를 가진 것이 있을 때, 《역경(易經)》에서는 그것을 가지고 형상을 취했고 《시경(詩經)》은 그것을 가지고 감흥을 실어 표현했다. 그러한 일이 어찌 아무 근거가 없이 이루어졌겠는가? 내 생각으로는, 이와 같이 하지 않으면 사람의 내면적 지혜를 살찌울 수 없으며 타고난 천성을 마음껏 발휘할 수 없다.

우리나라 사람들의 배움은 과거 시험의 범위를 벗어나지 못했고, 견문은 국경의 울타리를 넘지 못했다. 그러면서 불경(佛經)이 적힌 종이를 더럽다고 여기고, 밤색 빛깔이 나는 화로를 보면 더럽다고 한다. 그래서 점차 세련되고 우아한 문명 세계로부터 스스로를 차단시켜 버린다.

꽃에서 자란 벌레는 날개나 더듬이조차 향기가 나지만 똥구덩이에서 자란 벌레는 꿈틀거리는 것조차 징그럽기만 하다. 미물도 본래 이러한데 사람이야 당연한 것이다. 빛나고 화려한 환경에서 자란 사람은 누추한 처지에서 헤어나지 못한 사람들과는 반드시 다른 점이 있다. 내가 걱정하는 것은 우리나라 사람들의 더듬이와 날개에서 향기가 나지 않는다는 점이다.

그래서 천하에서 보배로 여기는 물건이 우리나라 땅으로 들어오면 모두 천대를 받는다. 삼대(三代, 하·은·주 3개의 고대 국가)의 오래된 그릇이나 이름난 선현의 필적조차도 제값을 받고 팔 수 없는 실정이다. 심지어 붓이나 먹·향·차·서책과 같은 물품은 그 값이 언제나 중국에 비하면 절반이 된다. 이는 모두 사대부가 옛것을 좋아하지 않은 결과다.

내가 연경의 서점 한 군데를 들어간 적이 있었다. 그 주인이 매매 문서를 뒤적이며 피곤에 지쳐서 잠시도 쉴 틈이 없어 보였다. 그러나 우리나라의 책장수는 책 한 권을 옆에 끼고 사대부 집들을 두루 돌아다니더라도 어떤 때는 여러 달이 걸려도 팔지 못한다. 나는 이 일을 통해서 중국이 문명의 숲이라는 사실을 알게 되었다.

〈고동서화(古董書畵)〉

박제가는 북경 거리에서 각종 골동품과 서화를 보고 이러한 것들이 인간의 내면을 살찌우고 지혜를 기르며 하늘로부터 받은 천성을 마음껏 발휘하게 만든다고 생각했다. 그런데 조선에서는 이러한 것들이 백성들에게 아무 이익이 되지 못하니 전부 불태우자는 말마저 나오고 세상의 값진 보배조차 천대를 받으니 세련되고 우아한 문명 세계로부터 자신을 차단해 버린 꼴이라고 개탄했다.

조선에서는 책장수가 한 권의 책을 가지고 두어 달씩이나 사대부 집들을 두루 돌아다녀도 제대로 팔지 못하는데, 중국의 한 서점에서는 매매 문서가 너무 많아 제대로 정리를 하려면 주인이 잠시도 쉴 틈이 없다고 하면서 이런 까닭에 중국이 문명의 숲, 말하자면 문명의 본고장으로 불린다고 말한다.

조선의 사대부는 검약을 숭상하고 사치를 경계한 나머지 골동품이나 서화라는 문화적 자산을 제대로 향유할 수 없었다. 그나마 도자기와 같은 그릇은 조선의 것이 대단한 것으로 여겨져 왔지만 이 역시도 그다지 뛰어나지 않다고 평하고 있다. 박제가는 "중국의 자기는 정교하지 않은 것이 없다. 비록 황폐한 마을의 쓰러져 가는 집안이라도 황금빛과 푸른빛으로 채색한 병·항아리·주발 등의 자기를 가지고 있다. 그 사람들이 사치스러움을 좋아해서 그런 것이 아니라 자기를 만드는 일을 담당한 자라면 마땅히 이렇게 만들어야 한다."라고 말한다. 반면에 "우리나라의 자기는 매우 거칠다. 모래가 자기 밑에 붙어 있어도 그대로 구워 만들었기 때문에 덕지덕지 마른 밥알이 붙은 것 같다. 자기를 끌어당기면 밥상과 탁자 등에 상처를 내고, 씻으면 더러운 찌꺼기가 끼어 있다. 자기를 바닥에 놓으면 늘 기우뚱하여 자주 넘어진다. 주둥이가 비틀어지고 빛깔이 깨끗하지 못해서 무어라 형용할 수 없다. 나라에 법이 없다고 할지라도 이 지경에 이른 것은 심하다."라고 혹평을 한다.

번화가에 늘어선 골동품이나 서점 등의 상점 외에 흔히 볼 수 있는 광경이 연극 공연이었다. 중국의 대표적인 연극을 경극이라 하는데, 이는 북경에서 발전되어서 붙여진 명칭이다. 노래와 대사, 춤동작 등으로 구성되는 연극으로, 노래가 중시되고 동작은 무용에 가까워 아름답다는 평을 받는다. 박제가도 연극을 보고 이렇게 평했다.

"중국의 황성과 시장의 길가에서는 곳곳마다 연극을 벌인다. 연극에 사용되는 망포[蟒袍, 임금이 입던 정복(正服)]와 상아로 된 홀(笏)과 가죽삿갓 복두(幞頭, 관리가 쓰는 모자) 따위가 고스란히 남아 있다. 이를 우리나라의 복장과 비교해 보면 옛날의 양식이 전해진 점에 상호 우열이 있을 수밖에 없다. 도포는 소매가 좁고 겨드랑이를 트지 않은 중국의 제도가 올바르다. 승려로 분장한 광대가 착용한 의복이 바로 우리의 도포인데 소매도 마찬가지였다."라고 하여 생활 속에 예술 문화 활동이 활발하게 자리 잡고 있음을 지적하고 있다.

박제가가 지향한 사회는 경제적 번영을 바탕으로 문화가 융성을 이룬 사회라고 할 수 있다. 중국은 무역으로 경제 발전을 이루었고, 그래서 문화 발전도 이루었다는 것이 박제가의 인식이었다. 그래서 사치품이나 공예품도 단순한 구경거리가 아닌, 경제적 번영이 가져온 문화적 가치를 지녔다고 본 것이다.

3. 종이

종이는 먹을 잘 받아서 글씨를 쓰거나 그림을 그리는 데 알맞은 것이 가장 좋다. 잘 찢어지지 않는다고 해서 훌륭한 종이가 아니다. 우리 종이가 천하에서 제일 좋다고 하나 그 말을 한 사람은 글씨를 쓸 줄 모르는 자일 것이다. 서문장[徐文長, 명나라의 문인인 서위(徐渭)]이 말하길, "고려지(高麗紙)는 그림을 그리기에 적합하지 않다. 전후지(錢厚紙, 동전 두께만큼 두꺼운 종이로 천장이나 구들장에 바르던 종이) 같은 것은 그래도 좋으나 작은 해서(楷書)를 쓰기에나 적당하다."라고 했다. 중국 식자의 견해가 이런 정도다. 전후지는 대략 지금의 자문지(咨文紙, 외교 문서에 쓰는 종이)일 듯하다.

또한 종이를 뜨는 발의 치수가 일정하지 않다. 책 종이를 자를 때에 반으로 자르면 너무 크고, 그 나머지 종이는 모두 잘라 버릴 수밖에 없다. 이를 3등분하면 너무 짧아서 글자의 끝부분이 없다. 또 팔도의 종이 모두 길이가 일정하지 않다. 이 때문에 버리는 종이가 얼마인지 알 수 없다.

　종이가 반드시 서책을 만드는 데 들어가는 것은 아니다. 하지만 서책을 가지고 길이의 표준을 삼으려고 하는 이유는, 서책을 만드는 데 적합한 종이는 다른 용도로 쓸 수 있지만 이 기준에 맞지 않은 종이는 버리는 것이 너무 많기 때문이다. 중국의 종이는 치수가 모두 균일한데 이러한 점을 잘 살폈던 것이다.

　단지 종이뿐만 아니고 다른 물건도 그렇다. 우리나라의 포목은 만이면 만 개 모두 다른데, 베 짜는 바디의 규격을 일정하게 정하지 않았기 때문이다. 그러니 종이를 뜨는 발 역시 일정한 규격을 나라 안에 반포하는 것이 마땅하다.

〈지(紙)〉

　조선의 종이가 중국의 종이와 달리 독특한 특성을 지니고 있었음은 분명하다. 중국의 종이 중에서 선지(宣紙)는 지금의 중국 안휘성 선성시(宣城市)의 특산물로 닥나무의 섬유질이 적어 매우 부드럽다. 반면 조선의 한지(韓紙)는 닥나무의 섬유질이 많아 무척 질기다. 그래서 조선에서는 종이에 기름을 먹여 우산으로 쓰기도 했으며, 야외용 깔개로도 사용했다. 조선의 사신 일행이 그것을 청나라로 가져가 깔개로 사용하면 현지인들도 많은 관심을 보였다.

　그러나 박제가는 한지에 대해 그리 좋은 평을 하지 않는다. 이는 단순하게 좋고 나쁘다는 것이 아니라 용도에 따른 장단점을 제대로 파악하자는 의도에서 지적한 것이다. 한지는 분명 내구성이 상당히 뛰어난 종이였다. 그래서 탁본용으로는 탁월하며 집 안의 벽지나 심지어는 깔개 재료로도 사용되었다. 이에 반해 중국의 종이는 섬유질이 적어 약하지만 표면이 하얗고 매끄러웠다. 한지가 표면이 거칠어 먹이 잘 스며들지 않아 글쓰기나 그림 그리기에는 부적당했지만 중국의 종이는 글쓰기와 그림 그리기에 적합했다. 그래서 한지와 중국 종이의 장점을 비교해서 가격이 저렴하고 품질도 우수한 규격화된 종이의 생산과 보급을 주장한 것이다.

문방 용구 중에서 빼놓을 수 없는 것이 붓인데, 조선 붓에 대한 평가도 그리 좋지만은 않다. 박제가는 "우리나라 붓은 겉 털과 속 털이 나란하기 때문에 한번 닳으면 완전히 몽당붓이 되고 만다. 중국 붓은 속 털이 속으로 들어갈수록 짧아지고 겉 털은 나올수록 길어지므로 오래 쓰면 쓸수록 끝이 뾰족해진다."라고 말했다. 먹에 대한 평가도 마찬가지였다. "우리나라 먹은 해를 넘기면 벌써 광택이 사라지고, 다시 한 해가 지나면 아예 갈 수조차 없다. 아교가 벌써 단단하게 굳었기 때문이다. 중국 먹은 오래 쓰면 쓸수록 더 보물이 된다. 소동파가 '사람이 먹을 가는 것이 아니라 먹이 사람을 간다.'라고 말한 것이 이를 가리킨다."라면서 중국 먹을 극찬했다.

4. 가옥

가옥은 모두 일자형으로 서로 이어지거나 꺾이지 않았다. 맨 처음에 놓인 집이 주가 되면 그 좌우에 있는 곁채가 소목[昭穆, 신주(神主)를 배열하는 방식의 일종으로, 왼쪽(東)에 배열하는 소와 오른쪽(西)에 배열하는 목을 합해서 쓴 용어인데 여기서는 집의 배열을 소목에 비유한 것임]이 되어 향배가 다르다. 그러나 짓는 구조는 대략 비슷하고 세 겹 네 겹으로 짓기도 한다. 반드시 문을 한복판에 내어서 모든 문을 활짝 열고 멀리 바라보면 사람이 점점 작게 보이고 문의 모양도 갈수록 뾰족해 보인다. 이처럼 멀고 곧게 문을 내었다.

대략 집 한 채의 크기는 4~5칸이고 너비는 5량(梁, 큰 기둥 하나의 크기)에서 7량이다. 중국의 한 칸은 우리나라 칸에서 3분의 1을 더한 크기다. 중문(中門) 안으로 3분의 1 되는 곳에 동서 양쪽으로 작은 문을 내었다. 작은 문 안은 3분의 1 되는 곳에 남북으로 마주 보고 중국식 구들을 놓았다. 구들의 남쪽은 모두 창문을 내었다. 창문은 반드시 안쪽으로 걸어

두어 마치 먼지받이 같았다.

구들 높이는 걸터앉을 만한 정도인데, 구들 아래에는 모두 벽돌을 깔았다. 아궁이는 중문 안쪽 네 모서리에 만들었고, 혹은 남쪽 처마 밑이나 작은 문 안쪽에 만들기도 했다. 굴뚝은 반드시 정성을 들여 만들었는데, 높이가 작은 탑만 하다. 혹은 벽 속에 붙여서 지붕 위로 솟게 만들거나 혹은 땅을 파고 묻어 마당에 세워 놓았다.

점포의 뜰은 모두 넓어 활쏘기를 할 수 있을 정도여서 수레와 말이 드나들고 가축을 기를 만하다. 탁 트인 것이 꺼림직하면 조장(照牆, 집 내부가 보이지 않도록 대문 안쪽에 세운 담)을 설치해서 문을 막는다.

벽돌은 사이를 띄워서 마치 음괘(陰卦, --) 모양으로 만들기도 했으며, 어떤 것은 아(亞) 자 모양으로 가운데를 비워서 창살을 대신하게 했다. 이는 벽돌을 절약하는 효과도 있다. 간혹 벽돌 위에 백토를 발라서 난초와 국화 따위의 묵화(墨畫)를 그려 넣기도 했다. 크기가 들쭉날쭉한 돌로 벽을 쌓거나 섬돌을 만들면 면이 고르지 않다. 그럴 경우에는 청색 회(灰)로 메워서 모두 가요[哥窯, 용천요(龍泉窯), 지금의 절강성(浙江省) 용천시에서 생산한 도자기] 무늬처럼 만들었다. 지붕 양쪽에는 간혹 둥근 창을 뚫었고, 벽돌로 박풍[搏風, 박공(搏栱), 지붕의 경사진 곳의 ㅅ 모양으로 된 곳]을 만들었는데, 마치 칼로 깎은 것 같은 모양이었다.

산해관 동쪽 지방에 사는 빈민들은 흙집을 많이 지었다. 그 방법은 삼면에 담을 쌓고 앞쪽 한 면에만 나무로 문틀을 만들었다. 수숫대를 긴 횃대처럼 묶어 다발을 만들고, 그 다발을 담장 위에서 가랑이를 벌리듯이 지붕을 덮었는데, 서까래와 기와 대용으로 썼다. 이를 여러 겹으로 덮으면 그 두께가 몇 자가 되는데 용마루를 둥그스름하면서 거의 평탄하게 만든 다음 그 위에 흙이나 잡회(雜灰) 등을 덮었다. 지붕을 평평하게 만든 목적은 비가 오더라도 흙이 흘러내리지 않게 하려는 데 있다.

기와집을 만드는 제작법도 똑같다. 이를 무량옥(無梁屋, 들보 없는 집)이라고 부른다. 어떤 사람은 요동 들판에는 바람이 심해서 들보를 낮추고 흙으로 덮어 눌러야만 기와가 날아가지 않는다고 했다.

초가집은 14~15년에 한 번씩 지붕을 새로 잇는다. 그 방법을 보면, 볏짚을 재료로 사용하는데 먼저 짚을 추리고 그 뿌리를 잘라서 가지런히 한다. 짚을 한 줌 남짓 쥐어서 처마 끝에 간추려서 놓되 짚의 뿌리 부분을 아래로 하고 이삭이 달렸던 부분을 위로 놓는다. 짚 한 줌에 진흙 반죽 한 덩이로 눌러서 벼를 거꾸로 심듯이 한다. 두께가 두 자 이상 되도록 쌓고 방망이로 두들겨서 단단하게 붙인다. 점점 쌓아 올라가면서 비늘 달듯이 하는데 그 사이를 매우 짧게 한다. 처음 쌓은 것이 두꺼우면 짚 뿌리가 점점 높아지고 이삭 쪽은 점점 낮아져서 두 번째에 이르면 볏짚은 거꾸로 서게 된다. 따라서 지붕을 덮은 모양이 마치 말갈기를 자른 다음 그 끝을 보는 것과 같았다.

용마루는 진흙 반죽이나 회를 바른다. 지붕 좌우에는 긴 나무나 돌덩어리로 누른다. 혹은 기와와 벽돌을 사용해서 용마루나 양옆을 마치 옷

가장자리에 선을 대듯 만든다. 짚은 우리나라에 비해 대여섯 곱절은 더 쓴다. 요동에는 논이 없기 때문에 모두 조의 짚을 사용하지만 남방에서는 당연히 볏짚을 사용한다. 우리나라의 지붕은 머리를 빗질하듯, 털을 솔질하듯 잇는다. 한 줄기의 짚이라도 세워 두면 먹이 닳듯이 천천히 썩지만 눕혀 두면 종이처럼 빨리 썩는다. 이것이 중국과 우리나라의 지붕을 잇는 방법의 차이다.

중국의 집은 비록 엉성하고 꺾임이 없이 단순하기는 하나 다음과 같은 유익한 점이 몇 가지 있다. 첫째, 삼면에 쓸데없는 처마가 없어서 지붕 아래는 한 자 한 치라도 모두 쓰임새가 있다. 둘째, 벽을 벽돌로 쌓아서 기울지 않는다. 셋째, 벽이 두꺼워서 춥지 않다. 넷째, 한번 문을 닫으면 곳간문과 궤짝문·부엌문·방문 등이 모두 잠긴 셈이니 다소나마 밤에 도둑을 걱정할 일이 줄어든다. 비록 들판에 외따로 있는 집이라도 담은 갖추어진 셈이다.

우리나라는 1천 호가 사는 고을에도 반듯하고 살 만한 집이 한 채도 없다. 다듬지도 않은 나무를 평평하지 않은 터에 세우고, 새끼줄로 묶어 기둥과 들보로 삼는다. 기울든 똑바르든 흙손을 사용하지 않고 맨손으로 진흙을 바른다. 문에 틈이라도 생기면 개가죽을 찢어서 못으로 박아 놓아서 그 못에 옷이 걸린다. 혹은 짚을 머리 땋듯이 엮어서 그 틈에 붙이기도 한다. 구들장은 울퉁불퉁하여 앉거나 누우면 늘 몸이 기운다. 불을 지피면 연기가 방 안에 가득해 숨이 막힌다. 창문이 찢어지면 해진

버선으로 막는다. 이렇듯이 법도가 전혀 없다.

이렇게 백성들은 살면서 눈으로는 반듯한 것을 보지 못했고, 손으로는 정교한 기술을 익히지 못했다. 온갖 분야의 장인과 기술자들이 모두 이 가운데서 배출되었으므로 모든 일이 형편없고 거칠며, 번갈아 가면서 그 풍습에 전염되었다. 이런 상태에서는 비록 훌륭한 재간과 고매한 지혜를 소유한 자가 나타나도 이미 굳어진 풍속을 헤쳐 나갈 방도가 없다. 그렇다면 장차 이를 어떻게 해야 하는가? 중국을 배우는 수밖에 없다.

지금 도성에 더러 화려하고 사치스러운 저택이 있으나 대청이나 구들장이 평평하질 않아서 바둑판을 놓으려면 반드시 바둑판 다리 하나를 바둑돌로 괴어야만 한다. 작은 여염집에서는 고개를 들고 서 있지를 못하고, 누울 때에는 다리를 펼 수 없다. 비록 이런 집이 100채가 있어도 중국의 집 10채만도 못한 셈이다. 또한 도랑물이 뚫리지 않아서 변소에는 늘 분뇨가 가득 차고, 비가 조금만 와도 빗물이 부엌으로 들어온다. 그래서 개울가 근처에 있는 집에서는 물이 범람할 것을 걱정해 여름날 비 내리는 것을 원망한다.

이것은 어찌 된 것인가? 중국처럼 도랑을 파고 제방을 쌓지 않았기 때문이다. 또한 지세의 높낮이를 따지지 않고, 물이 말라 모래 바닥이 조금만 드러나도 경계를 침범해서 집을 짓는다. 그런 탓에 개울물이 빈번하게 막히고 도로의 흐름이 순조롭지 않은 것이다. 이 지경에 이르면 가옥 제도의 정교함과 조잡함은 굳이 논할 필요가 없고, 나라의 제도가 잘 갖추어졌는지의 여부만 엿볼 수 있다.

일본의 가옥은 구리기와나 나무기와를 쓰는 것의 차등은 있다. 그러나 집 한 칸의 너비와 창호의 치수에서 위로는 임금과 관백(關伯, 천황을 대신해서 나라를 다스리던 관직)에서 아래로는 서민에 이르기까지 차이가 없다. 가령 문짝 하나가 부족하다면 사람들은 모두 시장에서 사 온다. 집을 옮긴 것처럼 장지문과 탁자 같은 것도 부절(符節)을 합한 것처럼 딱 들어맞는다. 《주관(周官, 주례의 본래 명칭)》의 일부가 오히려 바다 섬 가운데에 있을 줄은 생각하지도 못했다.

〈궁실(宮室)〉

박제가가 벽돌에 깊은 인상을 받은 것은 앞에서 지적한 바가 있다. 성곽과 누대·교량 등 하물며 가옥에 이르기까지 온 나라가 벽돌로 입힌 것 같다는 표현을 쓰면서 벽돌 덕분에 청나라 백성들은 수재나 화재를 겪지 않고, 도둑이 들끓거나 건물이 붕괴될 위험이 없다고 말했다.

나아가 벽돌을 대량 생산하고 아울러 규격화한다면 가옥을 짓는 데서도 유용하다는 것이다. 더불어 목재와 기와·창호·문 등도 규격화와 대량화가 이루어지면 아주 효율적으로 집을 지을 수 있다고 했다. 물론 경제성도 뒤따를 수 있다. 그러면서 중국의 가옥 구조나 건축에 대해 매우 상세하게 기술하고 있다. 아마도 우리나라 가옥의 건축술에 활용하게 하려는 의도에서 그런 것으로 보인다.

또한 다른 글에서 가옥 건축에 필요한 기와에 대한 언급도 했다. "중국의 기와는 둥근 원을 4등분한 부채꼴 모양이다. 길이는 우리나라 기와와 같고, 너비는 우리나라 기와의 절반이다. 중국에는 수키와가 없고 기와를 번갈아 깔아 서로 맞도록 했다. 오직 궁궐과 사묘(祠廟)에서만 암수의 기와를 사용할 수 있다. 처마 끝에는 모두 그 주둥이를 막아서 말발굽 같다."

또한 "기와가 크다고 좋은 것은 아니다. 암수의 기와를 사용하지 않아도 무방하다. 기와가 크면 원도 커지므로 회를 많이 발라야 한다. 지금 우리나라에서는 기와의 위아래에 모두 흙을 채운다. 그래서 지붕이 너무 무거워 쉽게 기울어진다. 게다가 세월이 오래 지나면 흙이 빠져서 기와가 떨어진다. 둥근 원을 4등분한 모양의 기와는 그다지 심하게 휜 것이 아니다. 또 서로 암수가 되어 양쪽 사이에 틈이 거의 없다. 회를 발라 붙이면 돌과 같이 단단하기 때문에 중국의 가옥은 참새나 쥐가 감히 구멍을 뚫지 못한다."라고 하면서 조선의 기와보다 한층 세련되고 효율적이라고 말했다.

그리고 가옥 건축과 관련해서 집 안 내부에 사용하는 대자리에 대한 서술도 했다. 그는 중국에서 많이 쓰이는 물건 세 가지를 들라면 수레와 벽돌과 대자리라면서, 수레는 물건을 운반하고 벽돌은 건물을 쌓고 대자리는 집을 덮는데, 집 짓는 일의 절반을 차지한다고 말한다. 그리고 요즘에도 전통 시장에 가면 간혹 볼 수 있는 광경으로, 연경의 번화가나 시장 거리에 여름날 불같은 볕이 내리쬐면 시장 점포의 양쪽에 긴 장대를 지붕보다 높게 세우고 골목길의 넓이만큼 대자리를 걸치면 큰길 외에는 모두 햇볕이 보이지 않는다. 마침 조선의 사신 일행이 묵는 숙소인 조선관의 앞뒤 뜰과 통역관이 머무는 곳 또한 공부에서 대자리를 설치해 주었다. 대자리의 한복판 2~3장은 끈으로 서로 당겨지게 하여 마음대로 여닫게 했는데, 끈은 기둥에 묶어 두었다가 매일 날이 저물면 대자리를 걷어서 햇빛을 받도록 하거나 평상을 그 아래로 옮겨서 바람을 쐬거나 하다가 일을 마치면 다시 덮었다.

상을 치르는 집에서도 문밖에 대자리를 높이 걸어 독경 장소로 이용하기도 하고, 마당놀이나 연극을 하는 장소에도 또한 대자리를 설치한다는 것이다. 또한 대자리를 용마루와 서까래에 겹겹이 덮으면 아득하고 바람과 빗물이 들이치지 않아 하나의 훌륭한 궁전처럼 된다고 했다. 그야말로 대자리를 전천후로 다양하고 요긴하게 사용했던 것이다.

이 글의 마지막에 언급한 일본의 예에서도 나오듯이 건축 자재가 규격화되면 집을 짓는 것만이 아니라 보수하는 데에서도 유리한 면이 있다. 가령 문짝 하나가 고장 나거나 파손되면 바로 시장에서 구입해서 대체하면 되기 때문이다. 중국의 대자리 역시 구들[炕]의 넓이를 기준으로 삼고 있어서 집을 지을 때 서까래를 얹고 바로 대자리를 얹으니 훨씬 간편하다고 말한다. 대자리 제작도 정밀해서 빛깔이 청결하고 무늬가 촘촘하며 천장에 얹으면 흙을 바르는 일도 없고 나뭇가지를 얽어매지 않아도 된다는 것이다. 나아가 대자리를 사용하면 지붕이 매우 가벼워지기 때문에 집이 기울어지지도 않는다는 장점을 지적한다.

한 거리의 골목 바닥은 물론 가옥 안에도 돌을 깔아서 실용성과 운치를 함께 얻을 수 있다고 말한다. 조약돌과 자갈을 깔아서 정원의 뜰과 길을 장식하는 것을 포지(鋪地)라고 하는데, 중국 정원의 기본적인 장식 방식의 하나다. "물에 씻겨 반들반들해진 주먹만 한 크기의 조약돌이 많다. 조약돌은 둥글고 미끈거려 쓰임새가 별로 없다. 돗자리를 짜는 끈에 매달아 고드랫돌로 쓰기는 하나 버리는 물건에 지나지 않는다. 그러나 중국인들은 이것을 계단과 뜰에 깔아서 추녀의 낙숫물을 받거나 발로 밟는 용도로 많이 이용한다. 잘게 부순 조약돌을 가로세로로 적절하게 깔아서 꽃과 새 등 각양각색의 모양을 만든다."라고 지적했다.

이 밖에도 문방용품, 말안장, 여자의 옷 등에 이르기까지 그의 관심은 백성들의 실생활에 필요한 물품들에 맞추어져 있었다. 청나라의 문물과 제도를 칭찬하는 글을 읽다 보면 그가 조선을 깎아내리고 중국을 지나치게 숭상하는 것이 아닌가 하는 생각이 들 정도다. 그러나 그의 관심은 오로지 조선 백성들의 삶을 개선하는 데 있었다. 낙후된 조선의 문물과 비교하면서 청나라 문물의 장점을 꼼꼼하게 기록해서 그것을 활용하고자 했던 것이다.

북학은 청나라를 배우자는 말에 다름 아니다. 참으로 백성에게 이로운 것이라면 비록 오랑캐에게서 나온 것이라 할지라도 배워야 한다는 것이 박제가의 소신이었다. 박제가에게 학문이란 백성들에게 실용적 도움이 될 때에만 가치가 있는 것이었다. 그를 통해 낙후된 조국의 모습을 아파했던 조선 지식인의 면모를 조금이나마 살펴볼 수 있다면 다행한 일이라 하겠다.

5. 약재

우리나라의 의술은 가장 믿을 수 없다. 연경에서 약재를 무역해 오지만 진품이 아닐까 하는 것이 참으로 걱정이다. 믿을 수 없는 의원이 진품이 아닌 약재를 가지고 처방을 하니 병이 낫지 않는 것은 당연하다.

풀·나무·벌레·물고기의 명칭과 실물을 누가 폭넓게 배워서 알겠는가? 또 그러한 약재들을 채취하는 시기와 수확하는 방법이 하나라도 어긋남이 있으면 병에 이로운 것이 아니라 도리어 해가 된다.

이에 비추어 논하자면 우리나라의 약은 모두 스스로를 속이는 것이다. 하물며 다른 나라에서 생산된 것을 장사꾼과 모리배들의 손아귀에 맡기면 지금의 녹용이 원숭이의 꼬리가 아니라는 것을 어찌 알겠는가? 일본은 외국의 약재를 교역할 때 명의를 엄선해서 검사한다. 내가 중국에 있을 때 서양인의 의서를 번역한 것이 있다고 들어서 구하려 했지만 얻지 못했다.

구라파(유럽)에서는 사람을 네 등급으로 나눈다던데 상급에 속해야 비로소 의술과 도학[道學, 신학(神學)]을 배운다고 한다. 그러므로 의술에 정밀하지 않은 자가 없어 사람의 생사까지도 안다고 한다. 약은 고약이 되도록 진하게 달여서 그 정수만 취하고 찌꺼기는 버린다고 하니 이것이 서양의 의술법이라고 한다.

〈약(藥)〉

약재를 주제로 박제가가 말한 내용은 박지원의 《열하일기》에도 비슷한 취지에서 나온 바가 있다. 박지원은 "우리나라의 의학 지식은 그다지 넓지 못하고 약 재료도 그다지 많지 않으므로, 모두 중국의 약재를 수입해서 쓰면서도 항시 그것이 진품이 아닌 약재를 쓰고 있으니 병이 으레 낫지 않는 것이다."라고 지적했다.

박제가도 중국에서 수입하는 약재의 진위가 가려지지 않을 정도로 제대로 유통되지 않고, 약재로 쓰는 각종 식물과 곤충, 어류 등의 분류 체계도 정립되지 않았다고 지적한다. 그러면서 서양 의술에 대하여 관심을 가졌으나 접하지 못한 것을 아쉬워했다.

조선의 의학은 그 나름대로 독자적인 발전을 이루기도 했다. 광해군 2년(1610년)에 편찬한 《동의보감(東醫寶鑑)》의 경우를 보면 중국에서도 주목을 받았을 정도였다. 그러나 정작 그 시기보다도 늦은 정조 시대에 이런 의술의 전수와 보전이 제대로 이루어지지 않아서 박제가 같은 선구자들은 백성들의 생활 속에서 실현되지 못하고 있는 현실을 개탄하고 있다. 의술이나 약재와 같은 중요한 분야는 관의 주재 아래 철저하게 감독하고 관리되어야 한다는 점을 일본의 사례를 통해 지적하고 있다.

박제가, 북학에서 길을 찾다

1. 박제가의 일생

박제가(朴齊家, 1750~1805)는 승정원 우부승지를 지낸 박평(朴坪)의 서자로 한성부(지금의 서울)에서 태어났다. 본관은 밀양(密陽)이며, 초명(初名)은 제운(齊雲)이다. 자(字)는 재선(在先)·차수(次修)·수기(修其) 등이며, 호(號)는 초정(楚亭)·정유(貞蕤)·위항도인(葦杭道人)이다. 이름을 '제가'라고 한 것은 《대학》의 '수신제가치국평천하(修身齊家治國平天下)'에서 따온 것이고, 젊은 시절 즐겨 사용하던 '초정'이라는 호는 초나라의 충신 굴원이 쓴 문집인《초사(楚辭)》에서 따온 것이다.

박제가는 어린 시절 서자라는 신분 때문에 사회적 천대를 받았음에도 부친의 각별한 총애를 받고 자랐다. 11세 때 부친이 사망하고 본댁에서 나오게 되면서 가난에 시달려야 했으나 뛰어난 재능을 갖고 태어나서 문장과 글씨는 물론 그림에도 천재성을 드러냈다. 19세 때에 자신의 시집을 엮어 내기도 했으며, 원각사(圓覺寺) 근처에 살고 있던 박지원의 문하에 들어가면서 실학을 받아들이고 이덕무·유득공·이서구 등과 교류하면서 학문을 쌓았다. 이들을 '백탑파(白塔派)'라 일컫는다. '백탑'이란 지금의 탑골 공원 안에 있는 원각사지 10층 석탑을 말하는데, 흰 대리석으로 만들어서 백탑이라고 불렀다. 지금은 고층 건물 사이에 가려 눈에 잘 띄지 않지만 박제가가 살던 당시에는 높이 솟아서 한눈에 띄었다. 이 일대를 중심으로 서얼 출신의 문인들이 모여들어 '백탑시사(白塔詩社)'를 결성했는데, 박제가는 이 가운데 이덕무와 가장 친한 벗이었다고 전한다.

박제가를 비롯한 이덕무·유득공·이서구는 글 솜씨가 뛰어나 1777년 유득공의 숙부인 유금이 이들의 시를 묶어 《한객건연집(韓客巾衍集)》이라는 책을 출간해서 중국의 문인들에게 소개하기도 했다. 당시 중국의 대학자인 이조원(李調元)과 반정균(潘庭均)은 이 책을 읽고 서문을 써 주기도 했다. 이순신의 5대손인 이관상(李觀祥)의 문하에도 출입하는데, 그의 학문에 대한 열정과 재주를 아깝게 여긴 이관상은 1766년 자신의 서녀를 박제가에게 출가시켜 사위로 삼았으며, 자신의 집에서 기거하게 하고 독서를 지원할 만큼 아꼈다고 한다.

박제가는 장인인 이관상과 신분을 가리지 않고 대했던 박지원의 배려로 전통적인 사대부 교육을 받았지만, 서자라는 신분적인 제약으로 사회적인 차별 대우를 받았기 때문에 신분 제도에 반대하는 급진적인 사상을 주장하기도 했다. 정약용과도 친교를 맺고 교유했으며, 특히 1790년 그가 이덕무와 함께 규장각 검서관으로 있을 당시 왕명을 받아《무예도보통지(武藝圖譜通志)》를 편찬할 때 참여한 백동수(白東修)도 어렸을 때부터 절친하게 지내던 사이였다.

박제가는 모두 네 차례에 걸쳐서 중국을 다녀왔다. 조선은 명나라에 보내는 사절단을 조천사(朝天使)라 불렀던 반면에 청나라에 보내는 사절단을 연행사(燕行使)라고 불렀다. 중국 천자에게 조회하러 간다는 의미로 사용하던 용어 대신에 당시 청나라의 수도인 연경으로 가는 사절단이라는 용어를 사용한 것이다. 이는 청나라가 한족이 아닌 이민족인 여진족의 나라라는 점과 과거 명나라가 임진왜란 때 파병해서 조선을 도왔기 때문에 그 은혜를 잊지 못한다는 점을 은연중 드러낸 용어 선정이라고 할 수 있다.

박제가 꿈에도 그리던 숙원인 중국행이 29세 때인 1778년(정조 2년)에 이루어졌다. 이덕무와 함께 청나라로 파견되는 사은사 채제공(蔡濟恭)의 수행원으로 따라간 것이었다. 때마침 청나라에서는《사고전서(四庫全書)》편찬 사업이 진행되어 전국의 석학들이 모여 있었는데, 이를 주관하던 기윤(紀昀)을 비롯하여 이조원·반정균·축덕린(祝德麟) 등의 학자들과 교유하는 한편 청나라의 문물과 제도, 그리고 각종 시설들을 세밀하게 관찰할 수 있는 기회를 얻었다.

그리고 나서 귀국 직후 각종 생활 도구의 개량과 사회·정치 제도의 개혁에 관한 내용을 상세하게 기술한 것이 바로 이 책《북학의》다. 내편과 외편으로 나누어 내편에서는 주로 실생활에서 필요한 기구와 시설의 개선을 다루고, 외편에서는 정치·사회 제도의 전반적인 개혁 방안을 서술했다. 또한 그는 정조에게 국력의 부강을 위해서는 교역로를 열어야 하며, 청나라의 문물과 제도를 받아들이고 생산 기술과 도구를 개선하고 상업을 장려하는 한편 대외 무역을 조정에서 장려해야 한다고 건의했다. 그러나 그의 건의는 당시 집권층이던 노론 세력과 반청 정신에 물들어 있던 중신들에 의해 저지당했고 정조마저도 소극적으로 대하는 바람에 실천에 옮기지는 못했다.

정조는 1779년에 박제가를 규장각 검서관으로 임명했는데, 이때 그를 비롯한 이덕무·유득공·서이수(徐理修) 등의 서자 출신 학자들을 대거 등용했다. 국왕의 각별한 지원을 받아 규장각 내·외직에 근무하면서 각종 서적들을 교정하고 출간하는 일을 맡았다. 1786년(정조 10년)에 왕명으로 관리들에게 시정(施政)의 폐단을 고칠 방안을 제출하라고 했을 때, 그는 상공업 장려·신분 차별 철폐·해외 통상 교류·서양인 선교사 초청·과학 기술 교육의 진흥 등을 건의했으나 이 역시도 당시 집권층의 반발을 받아 실현시키지 못했다.

1790년(정조 14년)에는 청의 고종인 건륭제의 팔순 잔치를 축하하는 사절단으로 황인점(黃仁點)과 서호수(徐浩修)를 수행해 유득공 등과 함께 청나라에 갔다. 두 번째로 중국에 다녀온 것이다. 이때 기윤을 비롯하여 옹방강(翁方綱)과 완원(阮元) 등의 학자와 교유하고 돌아오던 도중 원자(元子, 뒤의 순조)의 탄생을 축하해 준 건륭제의 호의에 보답하려는 정조의 특명으로 군기시정(軍器寺正)에 임시로 임명되어 그해 9월 다시 국경을 넘어 세 번째로 연경에 다녀왔다.

1798년(정조 22년)에는 영조가 적전(籍田, 임금이 농사를 장려하기 위해 직접 관리하던 논밭)을 두어 농사에 참여한 지 60주년이 되는 날을 기념하기 위해 정조가 널리 농서를 구하자, 《북학의》의 내용 일부를 발췌하고 추가로 작성해서 상소문 형식으로 올렸는데, 이를 흔히 〈진소본 북학의(進疏本北學議)〉라고 한다.

그러나 1800년 정조의 예기치 않은 사망으로 정권을 장악한 노론 벽파(僻派)는 천주교 금지를 명분으로 남인 계열 학자들을 대부분 숙청하고, 청의 문물을 수용하고 천주교를 인정해야 한다는 주장을 한 실학자들을 제거했다. 박제가 역시 제거 대상이었으므로 1801년에 네 번째로 청나라를 다녀온 후 사돈인 윤가기(尹可基)의 괘서(掛書) 사건에 연루되어 두만강 인근의 국경 지대인 종성으로 유배를 갔다.

1805년 유배에서 풀려났으나 혹독한 고문으로 인한 후유증으로 한 달밖에 안 된 4월에 병환으로 사망하고 말았다. 묘지는 경기도 광주 암현에 안장했다고 하나 유실되어 정확한 위치를 알 수 없다고 한다. 박제가의 사망 시기는 1805년과 1815년 설이 있는데, 스승이자 동지인 박지원이 죽었다는 소식을 듣고 상심해 곧 사망했다는 기록이 있고, 1805년 이후에 쓴 글이 보이지 않는 점 등으로 보아 1805년에 사망한 것으로 추정된다는 주장이 있다. 그의 묘지나 죽은 날짜조차 알 수 없다는 것은 서얼을 천대했던 당시의 상황을 잘 보여 주는 증거라 할 수 있다.

그는 뛰어난 시인이자 문장가이기도 해서 이덕무, 유득공, 이서구와 함께 조선 후기 한문학 4대가로도 꼽혔다. 글씨와 그림에도 비범한 재능을 보여 서화로는 〈대련(對聯) 글씨〉·〈목우도(牧牛圖)〉·〈야치도(野雉圖)〉·〈어락도(漁樂圖)〉·〈의암관수도(倚巖觀水圖)〉 등이 있으며, 문집으로는 《정유집(貞蕤集)》과 《정유시고(貞蕤詩稿)》·《명농초고(明農草稿)》 등이 전한다.

2. 《북학의》의 시대 배경

박제가가 살았던 18세기의 중국 왕조는 북방의 여진족이 만든 청나라였다. 그런데 당시 조선 지식인들에게 청나라는 중원 대륙의 정당한 계승자가 아니라 부모의 나라인 명을 멸망시킨 원수와 같은 존재일 따름이었다.

청나라에 대한 조선의 악감정은 1627년과 1636년에 벌어진 양국 간의 전쟁으로 거슬러 올라간다. 1623년 반정으로 광해군을 몰아낸 조선의 조정은 광해군의 중립 외교를 비판하면서 왜란 당시에 조선을 지원했던 명나라와의 극단적인 우호를 강조하는 한편 청나라에 대해서는 적대적 감정을 공공연하게 내세웠다. 이와 같은 조선의 태도를 못마땅하게 여기면서 또 명나라를 정복하기에 앞서 후방의 안전과 식량 보급처를 확보하려는 의도에서 청은 조선과 두 차례의 전쟁을 치른다. 병자호란 발발 직후 청군의 신속한 진격으로 인해 인조는 남한산성에 고립되었고, 청군의 포위 속에서 수십 일을 버티다 결국 삼전도에서 청 태종에게 아홉 번 절을 하는 굴욕적인 항복을 했고, 수많은 백성들과 함께 두 명의 왕자(소현세자, 봉림대군)가 청나라의 볼모로 끌려갔다.

당시 조선 지식인들은 명나라가 국력을 회복해 여진 오랑캐를 멸망시키고 조선과 다시금 군신의 관계를 맺기를 바랐지만, 그것은 결코 실현될 수 없는 꿈이 되어 버렸다. 조선의 소망과는 달리 1644년 이자성의 반란군이 북경을 점령하자 명나라 황제는 자금성 뒷산에서 목을 매어 자결했고 이로써 조선에서 정통 중화 국가로 여기던 명은 역사 속에서 사라졌다. 청은 이 틈을 타 산해관을 넘어서 이자성의 반란군을 물리치고 북경에 입성해 중국의 새 왕조로 등장했다.

이 무렵 청에 볼모로 잡혀 갔던 봉림대군(효종)이 왕위에 즉위했다. 효종은 중화 문명국인 명을 멸망시킨 오랑캐 나라 청에 대해 무력 수단을 동원해서라도 복수해야 한다는 명분을 내세우고, 이를 국시(國

是)로 삼아 강병 양성 정책을 추진했다. 효종뿐만 아니라 중화 문명의 계승자임을 자처했던 조선 지식인들도 청의 중국 지배를 용납할 수 없었다. '오랑캐는 백 년을 못 간다[胡不百年].'라는 입장에 서서 누구도 반론을 제기할 수 없었던 '북벌의 시대'가 한동안 지속되었다.

그러나 이미 대세는 거스를 수 없는 상태였다. 1662년 명의 계승을 내세우며 청에 저항했던 남명(南明)이 끝내 청나라 군대에 멸망했고 그나마 명나라의 부활을 기대했던 조선의 지식인들은 당혹감에 휩싸였다. 원래 북벌의 목표는 조선이 청을 멸망시키고 중국을 점령하는 것이 아니라, 오랑캐를 중국에서 쫓아낸 후 정통 중화의 자리를 명나라에 돌려주는 것이었는데 그것을 받을 존재가 완전히 사라져 버린 셈이었다. 1673년 청에서 '삼번(三藩)의 난'이 발생해 잠시나마 중화 회복에 대한 기대를 가졌지만 10년이 지나지 않아 모두 진압되었고, 청은 도리어 강희제의 치세에 힘입어 중원에서의 지배를 공고하게 다져 나갔다.

결국 '오랑캐는 백 년을 못 간다.'는 말은 실현되지 않았고, 조선 지식인들은 엄연히 존재하는 오랑캐의 중국을 어떻게 받아들여야 할지 고민에 빠지면서 곧 분열하기 시작했다. 가장 보수적인 이들은 여전히 청을 오랑캐로 여기면서 청의 국력이 쇠퇴할 때 다시 북벌을 추진해야 한다고 주장했다. 더 많은 이들은 명의 멸망을 인정하고 조선이 중화의 문명을 잘 간직하고 있다가 언젠가 중국의 땅에서 중화 문명이 부활한다면 그들과 함께 문명의 세계를 만들어 가야 한다고 생각했다. 다만 소수의 지식인들만 청이 중국의 지배자가 된 원인을 객관적으로 파악하고자 했고, 그 결과 중화 문명은 사라진 것이 아니라 다만 청이 그것을 대체했다고 주장했다. 이들은 한발 더 나아가 조선이 부강해지기 위해서는 청으로부터 선진적인 문명을 배워야 한다고 강조했다. 이른바 '북학'이 등장한 것이다.

18세기 중반부터 일어난 북학의 열풍은 청을 여전히 오랑캐로 보는 주류 지식인들로부터 강력한 반발을 받기도 했지만 현실의 대세에 따라 점차 확산되어 갔다. 홍대용·박지원과 같은 당시 명문 가문의 자제들에서부터 유득공·이덕무·성해응(成海應) 등 뛰어난 학문 실력을 갖춘 서자 출신에 이르기까지 다양한 지식인들이 북학론을 지지하고 중국과의 통상론을 주장했다. 이들은 해마다 중국으로 가는 연행에 참여해서 중국의 문물을 직접 관찰하고 나서 오랑캐라 업신여기던 중국을 재평가했고, 중국 지식인들과 학문적 교류를 하면서 지속적인 우의를 다져 나갔으며, 귀국 후에는 이와 같은 자신들의 경험을 글과 모임을 통해 공유했다. 박제가 역시 북학파의 실질적 지도자였던 박지원과의 교유를 통해 중국 문물을 배우고자 했고, 그 자신의 연행 경험을 바탕으로 마침내 자신의 경세적 비전을 담은 《북학의》를 저술할 수 있었다.

북학이 탄생할 수 있던 배경에는 청의 조선에 대한 태도도 주요한 역할을 했다. 당시 조선을 포함한 동아시아 국가들은 청의 통제에 따른 공식적 교류만 가능했고, 이에 따라 청으로 들어갈 수 있는 관원 및 수행원의 숫자, 심지어 물품의 양까지 엄격히 제한되었다. 그런데 청의 조정은 조선의 사신 일행에게는 제한이 비교적 느슨한 편이었다. 그래서 수행원으로서 많은 조선 지식인들이 중국으로 갈 수 있는 기회를 얻을 수 있었는데, 홍대용·박지원·이덕무 그리고 박제가 등이 바로 이러한 기회를 이용해 연행에 참가할 수 있었다.

한편 명나라 때부터 북경에 온 외국 사신들에 대해 공식 행사 이외에는 숙소 밖을 나가지 못하게 하는 문금(門禁) 제도를 실시해 사신들의 활동을 제약했다. 그런데 청나라는 대규모 반란을 진압한 17세기 말 이후부터 정세가 안정되자 점차 외국 사신들의 북경 유람을 묵인해 주었다. 이를 계기로 연행에 참가한 지식인들은 북경의 문물을 자유롭게 관찰하는 한편 중국 지식인들과 활발하게 교류하면서 조선의 실정을 객관적으로 볼 수 있는 시야를 넓힐 수 있었다.

《북학의》 탄생의 역사적 배경에 조선 지식인들 사이의 논쟁거리였던 북벌과 북학이 존재했다면 사회적 배경에는 박제가라는 뛰어난 인물의 열정이 있었다. 박제가는 승지(承旨, 오늘날 청와대 비서)를 역임했던 박평(朴坪)의 서자로 태어났다. 서자에게는 과거 시험 응시조차 허락되지 않았던 조선 사회에서 박제가의 신분적 제약은 그의 앞길을 막는 장애 요소였다.

15세 때 이미 글과 시에서 명민한 자질을 보였던 박제가는 20세 전후에 걸쳐 이덕무·유득공·윤가기 등 서얼 출신 지식인들과 교유하면서 오늘날 인사동 일대의 백탑(白塔, 원각사지 10층 석탑)에서 빈번한 문학(시) 모임을 가졌다. 1768년 연암 박지원이 이곳으로 이사 오면서 박제가의 인생도 변화를 맞이했다. 명문 가문 출신임에도 박제가와 같은 서얼들을 차별하지 않고 학문적 교분을 나눈 박지원, 그리고 박지원과 연결된 홍대용·이서구 등 당시 유망한 학자들과의 교유는 박제가가 '북학파'의 일원이 되는 계기가 되었다.

뛰어난 재능에 비해 서출이라는 신분적 한계로 인해 박제가는 늘 가슴에 응어리를 안고 있었다. 그런 그에게 조선 사회를 넘어선 중국 지식인들과의 교유와 중국 여행은 자신의 재능을 내보일 수 있는 기회이자 선진 문물을 직접 관찰하고 접할 수 있는 유일한 통로였다. 당시 이미 연행을 통해 사귄 중국 지식인들과 교류를 지속하던 홍대용은 박제가의 이상이었다. 이러한 상황에서 친우 유득공의 숙부 유금(柳琴)이 중국에 가서 박제가 등이 지은 시집들을 북경에서 소개해 이조원·반정균 등 중국의 명망 있는 지식인들로부터 좋은 평가를 받았다. 이러한 사건은 연행에 대한 박제가의 열망을 증폭시켰고 이후 네 차례나 연행에 참여하는 보다 직접적인 계기가 되었다.

1777년 박제가는 증광시(增廣試)에 응시해 3등으로 합격했고, 이듬해인 1778년에는 열망하던 연행에 참여할 수 있는 기회를 얻어 북경에 다녀왔다. 약 네 달간의 일정 속에서 박제가는 이원정·반정균 등 중국의 저명한 지식인들과 여러 차례 만나 교유했고, 조선에 귀국하자마자 중국에서의 견문을 바탕으로 《북학의》 집필에 들어가 3개월 뒤인 같은 해 9월경에 내편을 저술했다.

그다음 해에 개혁 군주로 알려진 정조는 새로운 학문 정책을 추진하기 위해 규장각을 설치하고, 하급직인 검서관에 학문적 능력이 뛰어난 서얼들을 발탁했다. 검서관은 말단직이었지만 당시 지식인들이 선망하던 직책이었다. 또한 정조를 자주 만날 수 있었다는 점에서 벼슬길이 크게 제한되었던 서얼들에게는 매우 영광스러운 자리였다. 박제가가 1779년 6월 이덕무·유득공·서이수와 함께 초대 검서관이 된 것은 그의 삶에서 커다란 전환점이 되었다.

검서관 생활로 시작한 30대 이후 박제가의 삶은 희망과 좌절의 반복이었다. 말단직이지만 국정 문서를 담당하는 관료로서의 자긍심, 그리고 국왕과의 빈번한 만남은 박제가에게 자부심을 안겨 주었다. 하지만 1786년 정조가 새로운 정책을 제안하라고 신하들에게 명했을 때 박제가는 《북학의》에 기초해 국가 개혁안을 과감하게 올렸는데, 어느 하나 받아들여지지 않았다. 좋게 평가하자면 정조 단독으로는 개혁안을 실천할 수 있는 힘이 모자라서 그런 것이라고 할 수도 있겠지만 여러 정황을 추론해 보면 정조 역시 박제가의 개혁론과 통상론에 적극적으로 동조하지 않은 셈이었다.

어쨌든 1790년 이후 박제가는 세 차례나 더 연행에 참여했고, 중국 최고의 학자부터 화가에 이르기까지 다양한 지식인들과 교분을 나누면서 조선 개혁에 대한 꿈도 키워 나갔다. 그러나 1800년 정조가 갑작스레 사망하면서 박제가의 희망도 물거품이 되고 말았다. 더구나 정권을 장악한 노론 벽파는 사돈인 윤가기의 역모 사건에 연루시켜 그에게 모진 고문을 가하고 유배형에 처했다. 이로 인해 정조 사후 불과 5년 만에 박제가 역시 세상을 떠나니 참으로 안타까운 일이 아닐 수 없다.

3. 박제가와 실학사상

조선은 16세기 중엽 이후 큰 변화와 혼란을 겪게 되는데, 왜란과 호란이라는 국난을 맞았던 것이다. 양란을 통해 조선 사회는 무기력함을 그대로 노출시켰고, 백성들의 생활은 매우 피폐해졌다. 이런 혼란 속에서 학문의 경향 또한 구체적인 현실보다는 성리학 이론의 논쟁이나 예법 등에 관한 논쟁을 통해 현실을 도외시한 공리공담을 일삼게 되었다. 이러한 상황을 극복하려는 의지를 갖고 새롭게 등장한 학풍이 바로 실학이었다.

특히 병자호란 직후 백성들의 삶은 지극히 어려워졌고, 나라의 재정 또한 크게 위축되어 현실 문제를 중시하지 않을 수 없었다. 그럼에도 사회 지도층이라 할 수 있는 사대부들은 성리학의 소모적인 학술 논쟁에 매달리며 명분과 형식만을 추구했다. 이에 대한 반발로 재야 학자들을 중심으로 서양의 자연 과학과 종교 사상, 양명학과 고증학을 수용하면서 조선 사회의 전반적인 개혁을 주장하는 학문 흐름이 나타났다. 이러한 흐름의 대표적인 경향이 바로 실학사상이었다.

17~18세기에 들어서면서 당시의 사회·경제는 기존의 신분 질서가 무너지면서 근대 사회 성립의 역사적 전제가 마련되고 있었다. 그러한 배경 속에서 발생한 실학사상의 핵심은 종래의 정통 성리학적 세계관인 화이론의 부정이었다. 이 세계관은 '화(華, 중국)'와 '이(夷, 오랑캐)'를 분류하고, '화'만이 문화적이고 '이'는 문화가 결여된 야만으로 보는 이분법적인 사고였다. 즉, 중국이 세계의 지리적·문화적 중심인 중화(中華)였는데 명나라가 멸망함으로써 조선이 중화의 명맥을 잇게 되어 소중화(小中華)라는 논리였다. 일본이나 월남(越南, 베트남) 등이 그다음으로 인정되는 오랑캐였고 그 밖에 동남아시아나 서양은 이에도 미치지 못하는 금수로 취급했다. 이런 화이론적 세계관으로 인해 조선의 성리학자와 양반 유생들은 중국, 특히 한족에 대해서는 열등의식을 가졌으나 그 밖의 나라들에 대해서는 우월의식을 가지고 있었다.

그러나 영·정조 시대를 거치면서 화이론적 질서를 부정하는 변화가 일어났는데, 그것이 바로 실사구시나 이용후생을 주장하는 실학 사상이었다. 사상의 밑바탕에는 오랑캐라고 무시하던 청나라에 대해 도리어 그들의 선진 문물을 배워야 한다는 북학론이 자리 잡고 있었다. 이러한 사상의 흐름은 우리 민족사나 지리, 우리글 등에 대한 연구열로 나타나기도 했다. 예를 들면 조선사 연구는 안정복(安鼎福)·한치윤(韓致齋)·이긍익(李肯翊)·유득공·정약용 등의 업적이 있었고, 이익과 정약용은 과거 시험에 조선 역사를 시험 과목으로 넣을 것을 주장하기도 했다. 조선 지리 연구에는 이중환(李重煥)·신경준(申景濬)·정약용·정상기(鄭尚驥)·김정호(金正浩) 등의 업적이 있었다. 조선 어문(語文) 연구에는 신경준·유희(柳僖), 조선 금석학(金石學) 연구에는 김정희(金正喜)의 업적이 있었다. 또한 조선 동물학 연구에는 정약전(丁若銓)의 업적, 조선 농학(農學) 연구에는 박세당(朴世堂)·홍만선(洪萬選)·서호수(徐浩修)·서유구(徐有榘) 등의 업적이 있었다.

실학자들은 대부분 양반의 특권을 폐지하자고 주장했다. 유수원(柳壽垣)은 놀고먹는 양반의 폐단을 근절하자고 주장했고, 정약용은 양반이라는 신분의 특권 자체를 없애고, 박지원은 양반을 사회 발전에 현실적으로 기여할 수 있는 지식인으로 전환시키려 했으며, 박제가는 놀고먹는 양반을 상업에 종사시키자고 주장했다. 또한 양반 제도의 토대인 노비 제도 역시 궁극적으로 철폐해야 한다고 여겼으며, 그 현실적인 방안으로 노비 세습제를 폐지해서 점차적으로 노비라는 신분 자체를 소멸하자는 주장을 내놓기도 했다.

아울러 실학자들은 유교적 신분 질서였던 사농공상(士農工商)의 차별을 부정하고, 상업 활동을 윤리적으로 정당화하기도 했다. 상공업에 대한 부정적인 인식을 없애고 상공업 활동의 가치가 농업, 나아가서는 사대부와도 동등하다고 강조했다. 박제가는 한 걸음 더 나아가 한 나라의 산업 발전에서는 상공업이 가장 선도적인 역할을 한다고 하면서, 무역에 의해서 은을 축적해서 국부(國富)를 도모할 수 있으니 상인들이야말로 다른 3계급을 먹여 살리는 역할을 한다고까지 주장했다.

이처럼 17~18세기에 이르러 실학이라는 새로운 사상이 나타난 것은, 왜란과 호란을 겪으면서 일어난 각종 혼란과 난맥상을 바로잡고 위기 상황을 헤쳐 나가 부강하고 풍요로운 국가를 전망하면서 현실을 개혁해 나가려던 사회적 분위기와 맞물려 있었다. 당연하지만 실학사상의 선두에는 조선의 현실을 개혁하지 않으면 안 된다는 새로운 변화를 추구하던 선구자 또는 개혁가들이 있었다. 그들은 모두 조선을 주체적인 민족 국가로서 신분 질서나 차별이 없는 나라로 건설하려는 꿈을 지니고 있었다. 박제가는 그러한 사상적 경향이 움트던 시기의 한가운데에 서 있었다.

박제가는 《북학의》에서 "재물을 잘 다스리는 자는 위로는 하늘이 준 때(天時, 천시)를 놓치지 않고, 아래로는 지리적 이점(地利, 지리)

을 놓치지 않으며, 가운데로는 사람이 할 일(人事, 인사)을 놓치지 않는다."라고 하면서, 이러한 세 가지를 잃게 되는 것은 이용후생을 하지 않기 때문이라고 말한다. 즉 "기계를 편리하게 사용하지 못하여 남들이 하루에 할 일을 나는 한 달 두 달 걸려서 한다면 하늘이 준 때를 놓치는 것이며, 밭 갈고 씨 뿌리는 방법이 잘못되어 비용이 많이 들었으나 수확이 적다면 지리적 이점을 놓치는 것이고, 상인들이 물건을 교환하지 않고 놀고먹는 자들이 많아진다면 사람이 할 일을 놓치는 것이다."라고 한 것은 바로 중국의 선진 문물을 배워서 그것으로 백성들의 삶과 생활을 윤택하게 하려는 것이라는 주장이다. 그래서 박제가나 박지원같이 청나라와 다른 나라의 기술과 문물을 배우고 그들과 교역을 해서 나라를 부강하게 만들자고 주장한 북학파를 이용후생학파라고도 부르는 것이다.

박제가는 무엇보다도 수레와 배 등 교통수단을 혁신해서 국가 안에서의 상거래는 물론이고 중국을 비롯한 이웃 국가들과 교역을 해야 한다고 주장했다. 심지어 그는 선진적인 과학 기술을 습득하기 위해서는 서양인을 초빙해서 천문·역학·의약·조선·건축·무기 등의 학문이나 기술을 배우게 하면, 수년 내에 막대한 성과가 있을 것이라고 주장하기도 했다.

그에 의하면 수레와 배를 이용한 상품의 유통은 물가를 안정시키고 전국적 시장 형성과 생산물 공급의 확대를 가능하게 해서 농업과 수공업이 다 함께 발전하게 된다. 그는 "재물을 비유하면 우물과 같아 퍼내면 차고 내버려 두면 말라 버린다."라고 하면서, 소비가 생산을 촉진시킨다는 매우 앞선 주장을 펼치기도 했다. 또한 "상인은 사민(四民, 사·농·공·상) 중 하나인데 그 하나로써 셋(사·농·공)을 먹고살게 하는 것이므로 10분의 3이 되지 않으면 안 된다."라고 말하면서 상업의 중요성을 역설했다.

박제가는 예리한 통찰력과 판단력, 예술적 재능을 타고났다. 하지만 서자라는 신분적 차별로 인해 당시의 지배층에게 무시당하기 일쑤였고, 그의 집안이 속했던 소북파는 노론 내에서도 비주류로 취급당했다. 화폐 유통과 무역 장려 등을 주장했으나 상거래를 천시 여기던 노론 지배층은 그를 불평분자 내지는 장사꾼 정도로 취급하고 무시했다. 다행히 정조에 의해 규장각 검서관으로 발탁되어 자신의 이상을 펼칠 수 있는 기회를 얻기도 했으나 하급 관리라는 현실적인 한계에 가로막혀 번번이 좌절되었고, 정조의 갑작스러운 죽음 이후에는 집권당이던 노론 벽파에 의해 유배형에 처해져 결국 그 후유증으로 생을 마감하고 말았다.

그는 요즘 표현으로 평한다면 어떤 일에 몰두하는 '마니아(mania)'에 가까웠다. 당시에는 이런 사람들을 무슨무슨 '벽(癖)'이라고 불렀는데, 중국 문물에 빠진 '당벽(唐癖)'이라고 조롱받기도 했다. 그래서 박제가를 잘 아는 친구인 이덕무조차도 "예의의 나라에서 생장해서 도리어 우리와 다른 1000리나 먼 중원의 풍속을 사모한다."라고 평하기도 했다. 스스로는 이에 대해 "질병과 치우침으로 이루어져 편벽된 병을 앓는 것을 '벽'이라 한다. '벽'이 편벽된 병을 의미하지만, 전문적 기예를 익히는 사람만이 가능하다."라고 변호하기도 했다. 하지만 이런 마니아는 진정으로 무인가를 이루려는 신념을 갖고 그 일에 열정을 쏟는 '천재형 인간'에서 흔히 나타나는데, 박제가야말로 실학파 가운데 그런 사람이었다. 그래서 그는 다른 사람들과는 달리 개혁과 개방을 주장하면서도 직선적으로 표현했지 에둘러 비유하지 않았다. "놀고먹는 자는 나라의 좀벌레"라고 하면서 놀고먹는 사대부들을 맹렬하게 공격한 것이 대표적인 예라 하겠다.

비록 신분적 차별과 사상적 급진성으로 인해 순탄한 삶을 누리지는 못했지만 그는 자신의 신념을 결코 굽힌 적이 없는 사람이었다. 자서전에서 고백했듯이 "고독하고 고매한 사람만을 골라서 남달리 친하게 사귀고, 권세가와 부자는 일부러 더 멀리하며 차라리 가난하게 살았다." 그가 꿈꾼 나라는 오직 가난하고 굶주리는 백성들이 없고 신분적 차별이 없는 풍요로운 조선이었다. 그는 자신의 그런 신념을 본격적으로 펼친 29세부터 생을 마감할 때까지 25년여를 초지일관했던 진정한 선비라고 할 수 있다.

박제가를 비롯한 중요 학자들의 생몰 연도

조선(朝鮮)

광해군 (1608-1623)	인조 (1623-1649)	효종 (1649-1659)	현종 (1659-1674)	숙종 (1674-1720)	경종 (1720-1724)	영조 (1724-1776)	정조 (1776-1800)	순조 (1800-1834)	헌종 (1834-1849)

- 유형원(柳馨遠, 1622-1673)
- 박세당(朴世堂, 1629-1703)
- 정제두(鄭齊斗, 1649-1736)
- 이익(李瀷, 1681-1763)
- 이중환(李重煥, 1690-1752)
- 안정복(安鼎福, 1712-1791)
- 서명응(徐命膺, 1716-1787)
- 위백규(魏伯珪, 1727-1798)
- 홍대용(洪大容, 1731-1783)
- 이긍익(李肯翊, 1736-1806)
- 박지원(朴趾源, 1737-1805)
- 이덕무(李德懋, 1741-1793)
- 백동수(白東修, 1743-1816)
- 유득공(柳得恭, 1749-1807)
- 서이수(徐理修, 1749-1802)
- 박제가(朴齊家, 1750-1805)
- 이서구(李書九, 1754-1825)
- 성해응(成海應, 1760-1839)
- 정약용(丁若鏞, 1762-1836)
- 서유구(徐有榘, 1764-1845)

태조 (1616-1626)	태종 (1626-1643)	세조 (1643-1661)	성조 (1661-1722)	세종 (1722-1735)	고종 (1735-1796)	인종 (1796-1820)	선종 (1820-1850)
천명 (天命)	숭덕 (崇德)	순치 (順治)	강희(康熙)	옹정 (雍正)	건륭(乾隆)	가경(嘉慶)	도광(道光)

청(淸)

※청 태종의 연호 : 천총(天總, 1626~1635), 숭덕(崇德, 1635~1643)
※청 세종의 연호 : 옹정(雍正, 1723~1735)

4. 《북학의》의 핵심 사상

《북학의》에서 다루는 내용은 사람들의 실생활과 관련된 다양한 분야부터 수레나 배, 도로와 같은 사회 기반 시설, 그리고 과거 제도와 같은 사회 제도에 이르기까지 전 분야에 걸쳐 있다. 전체 구성은 내편(內篇)과 외편(外篇)으로 나뉘어 있다. 내편은 수레, 배, 기와, 벽돌 등 39개의 항목으로 나누어 중국에서 사용하는 일상에 필요한 각종 시설과 기구에 대한 소개 및 조선에서의 개혁안을 제시하고 있다. 외편에는 자신의 제도 개혁에 대한 의견을 담은 평론 형식의 글이나 정책에 관한 의견 등을 실어 놓았다.

이를 같은 성격의 항목으로 묶으면 다음과 같이 정리할 수 있다.

유통	수레(車), 배(船), 도로(道路), 다리(橋梁) 등
축산	목축(畜牧), 소(牛), 말(馬), 나귀(驢) 등
상업	시장과 우물(市井), 상인(商賈), 은(銀), 돈(錢), 쇠(鐵) 등
농업	밭(田), 거름(糞), 논(水田), 뽕나무와 과일(桑果) 등
거주	성(城), 벽돌(甓), 기와(瓦), 대자리(簟), 가옥(宮室), 돌층계(階砌) 등
논설	농업과 잠업에 대한 총론(農蠶總論), 나라의 재물을 늘리는 방법(財賦論), 강남 절강 상선과 통상하는 문제에 대한 논의(通江南浙江商舶議) 등

특히 자신의 주장을 담은 논설 분야는 농업을 장려하기 위한 정책 건의, 과거 시험에 대한 개선책, 중국을 비롯한 외국과의 교역을 주장한 글 등 17개의 항목이 실려 있다. 그리고 영조가 농사를 장려하

기 위해 직접 관리하던 논밭을 두어 농사에 참여한 지 60주년이 되는 날을 기념하기 위해 정조가 널리 농서를 구하자, 《북학의》의 내용 일부를 발췌하고 추가로 작성하여 상소문 형식으로 올렸는데(〈진소본 북학의〉), 이 글 역시 《북학의》에 함께 수록되어 있다.

조선은 건국 이후 200년 동안 비교적 정치·사회·문화적 안정과 발전을 이루었다. 오랫동안 안정을 유지하다가 왜란과 호란을 겪으면서 사회 기반은 송두리째 무너지고 백성들의 삶은 극도로 피폐해졌다. 특히 청나라에 패한 후 굴욕적인 외교를 맺어야 했던 조선의 지배층은 크나큰 정신적 충격과 혼란에 빠졌다가 이른바 북벌이라는 새로운 이념적 목표를 설정했다. 노론 세력을 중심으로 명에 대한 의리를 지키고 오랑캐인 청에 대해 복수를 하고자 '북벌'을 주장했지만 현실에서는 불가능한 구호에 불과했다. 새 왕조를 세운 청은 중국의 전통을 전면적으로 수용하고 문물을 발전시켜 전성기를 이루고 있었기 때문이다.

그러다가 조선의 부흥을 위해 많은 정책을 펼쳤던 영·정조에 이르러 청과도 사절단을 통한 교류를 확대하기 시작했다. 이 무렵부터 청나라를 직접 겪고 온 사신 일행들은 청에 다녀온 후에 조선의 후진성을 극복하고 청의 문물을 수용하자고 주장했다. 조선이 더 이상 명을 대신한 '소중화(小中華)'가 아니라 한족의 문화를 흡수한 청이 '중화(中華)'라는 것을 인정할 수밖에 없음을 깨달은 것이다. 그런 사상적 전환의 선봉에 선 인물이 바로 박제가였다.

그는 조선으로 돌아온 후 청의 실상을 담아 《북학의》를 집필했는데, 당시 조선의 젊은 학자들에게 많은 충격과 영향을 주었다. 거짓말이라 믿지 않던 사람들도 있었지만 오랑캐로만 알았던 청이 조선보다 선진 문화를 누리고 있다는 사실을 부정할 수는 없었다. 박제가는 네 차례의 연행을 통해 당대의 중국 지식인들과 교유하면서 국제적 명망까지 얻은 지식인이었다.

박제가는 《북학의》를 통해서 청나라 연행에서 목격한 다양한 문물과 제도를 논하고 개혁의 방안을 주장했는데, 그 첫 번째 핵심은 청나라에서 문물과 제도를 배워야 한다는 것이었다. 그것이 오랑캐의 것이라 할지라도 백성들의 실생활에 도움이 된다면 적극적으로 배우고 실천에 옮겨야 하는 것이 사대부들, 곧 지식인들의 사명이라는 것이다.

박제가는 《북학의》 서문에서 "지금 백성들의 생활은 날로 곤궁해지고 나라의 재정은 날이 갈수록 궁핍해지고 있다. 그런데 사대부는 수수방관만 하고 이를 구제하지 않는 것인가? 아니면 과거의 습속에 머물러 편안하게 즐기면서 실정을 모르는 것인가?"라고 말했다. 또한 정조에게 올린 〈병오소회(丙午所懷)〉에서는 "지금 나라의 큰 폐단은 한마디로 가난입니다. 그렇다면 이 가난을 어떻게 구제해야 하겠습니까?"라고 하면서 나라의 가난을 극복하는 것이 최우선 과제라고 역설했다.

여기서 박제가가 강조한 말이 바로 '이용후생(利用厚生)'인데, 이것이 《북학의》의 두 번째 핵심이다. 이 말은 《서경(書經)》에 나오는 글 귀인데, 쓰임을 이롭게 하고 삶을 넉넉하게 한다는 뜻으로 백성들의 덕을 바르게 한다는 '정덕(正德)'과 나란히 유교의 이상적 목표를 의미 했다. 그래서 박제가도 "이용과 후생은 한 가지라도 갖추어지지 않으 면 정덕을 해친다."라고 하면서 정덕의 전제 조건으로 반드시 이용과 후생이 강조되어야 함을 말했다.

　그렇다면 정덕을 위해 백성들을 가난에서 구제하는 '이용후생'의 구체적 방법은 무엇일까? 조선은 농업이 중심인 나라였기 때문에 당 연히 농업 생산이 잘되어야 했다. 따라서 박제가도 농업의 생산력 증 진을 위한 여러 방법을 논하고, 이를 위해 중국의 선진 농업 기술과 제도를 소개했다. 논밭의 정비·거름 만들기·종자 다루기·새로운 농 기구 개발·하천의 정비와 수차의 제작·가축의 이용과 누에치기 등 농업 전반에 걸쳐 개선안을 제시했다.

　하지만 박제가는 농업 생산의 증진만큼이나 상업과 유통, 외국과 의 통상을 강조했다. 그는 당시 말단의 일이라고 천시되던 상업을 발 전시켜야 하며 유통의 촉진을 위한 수레·선박·도로를 사용해야 한다 고 주장했다. "유용한 물건을 유통시키고 거래하지 않는다면 아무리 쓸모 있는 물건이라도 대부분 한곳에 묶여 유통되지 않거나 홀로 떠 돌다가 쉽게 고갈될 것이다."라는 표현은 상업과 유통을 중시한 대목 이라 하겠다.

당시 지배층인 사대부들은 상업을 소인배들이나 하는 직업이라고 천시하면서 상업 진흥 정책을 반대했는데, "경제란 우물 같은 것으로 계속 써 주지 않으면 말라 버린다.", "쓸 줄 모르면 만들 줄도 모르고 만들 줄을 모르면 민생은 나날이 곤궁해질 것이다."라고 한 것은 전통적 미덕이었던 검약이나 소비 억제보다는 오히려 적극적인 소비 활동이 이루어져야 한다고 강조한 것이다. 특히 청과의 교역을 통해 국력을 기른 뒤 다른 여러 나라와도 교역해야 한다면서 자주적 통상론을 펼쳤는데, 이것이 《북학의》의 세 번째 핵심이다. 나아가 그는 청나라를 오가며 아랍과 베트남 등의 무역상들을 통해 신문물을 접한 경험을 토대로 새로운 문물과 문화 교류 방법은 상업과 무역을 통해서 가능한 것이라고 지적하기도 했다.

한편으로 화폐 유통에 대해 정조에게 여러 번 건의하기도 했다. 화폐 유통은 상거래와 무역을 활발하게 돌아가게 하는 수단이었으며 국가의 경제력을 증대시켜 이용후생을 실현하는 밑바탕이라는 생각이었다. 그래서 그는 상인들과 무역상들에 대한 천대와 편견을 없애고 수공업자에 대한 국가의 강제 납품 제도를 금하고 대량 생산 체제를 구축해서 농업 기술의 개량과 상거래를 활성화해야 농업 생산력을 증진시킬 수 있다고 역설했다.

그는 각종 부패한 제도를 고치고 나라를 부강하게 만들어서 국방력을 키워야 한다고 주장했는데, 이것이 《북학의》의 네 번째 핵심이다. 특히 조선의 과거 제도는 문벌과 당파에 휘둘려 능력 있는 인재를 뽑지 못하고 있다면서, 과거 시험 과목이나 선발 방식을 대대적으로 정비해서 부패를 근절하고 훌륭한 인재를 관리에 등용해야 부정과 부패를 막고 나라를 부강하게 만든다고 주장했다. 국방 분야에서도 과학 기술에 바탕을 둔 무기 개발과 백성들의 일상생활 속에서 군대가 주둔하고 운영되어야 한다면서 민군의 일치단결을 강조했고, 체계적인 군사 훈련을 통해 정예병 육성에 치중할 것도 말했다.

결국 박제가의 《북학의》는 선진국 청나라를 모델로 조선의 개혁을 추구한 부국강병의 경세 방침을 제시한 책이라고 할 수 있다. 그래서 그는 다소 과장되었다 싶을 정도로 조선의 현실을 냉혹하게 비판하고 중국의 문물을 지나치게 높이 평가하고 있다. 그래서 지배층으로부터 중국 마니아라고 비아냥거리는 소리를 듣기도 했다. 하지만 《북학의》는 백성들의 삶을 보다 윤택하게 만들고 나라를 부강하게 만들기 위해 국제적인 안목을 키울 생각은 하지 않으면서 수수방관하던 지식인들에게 일침을 가하기 위한 쓴소리였다. 사실 박제가의 개혁론과 자주적 통상론이 옳았다는 것은 19세기 이후 제국주의 세력의 침략을 받아 조선이 식민지로 전락한 사실에서도 입증된 바있다.

《북학의》의 목차(내편과 외편, 진소본으로 구성)

내편(內篇)				
서명응(徐命膺)의 서문				
박지원(朴趾源)의 서문				
박제가자서(朴齊家自序)				
1	수레	거(車)	21	은	은(銀)
2	배	선(船)	22	돈	전(錢)
3	성	성(城)	23	쇠	철(鐵)
4	벽돌	벽(甓)	24	목재	재목(材木)
5	기와	와(瓦)	25	여자의 옷	여복(女服)
6	자기	자(甆, 瓷)	26	극장과 연극	장희(場戱)
7	대자리	점(簟)	27	통역	역(譯)
8	가옥	궁실(宮室)	28	중국어	한어(漢語)
9	창문	창호(窓戶)	29	약	약(藥)
10	돌층계	계체(階砌)	30	간장과 된장	장(醬)
11	도로	도로(道路)	31	도장	인(印)
12	다리	교량(橋梁)	32	담요	전(氈)
13	목축	축목(畜牧)	33	관청의 보고 문서	당보(塘報)
14	소	우(牛)	34	종이	지(紙)
15	말	마(馬)	35	활	궁(弓)
16	나귀	여(驢)	36	총과 화살	총시(銃矢)
17	안장	안(鞍)	37	자	척(尺)
18	말구유	조(槽)	38	문방구	문방지구(文房之具)
19	시장과 우물	시정(市井)	39	골동품과 고서화	고동서화(古董書畫)
20	상인	상고(商賈)			

외편(外篇)		
1	밭	전(田)
2	거름	분(糞)
3	뽕나무와 과일	상과(桑菓)
4	농업과 잠업에 대한 총론 농기도에 대한 이희경의 서문 용미차에 대한 이희경의 설명	농잠총론(農蠶總論) 부이희경농기도서(附李喜經農器圖序) 부이희경용미거설(附李喜經龍尾車說)
5	과거 제도에 대한 논의 1	과거론1(科擧論一)
6	과거 제도에 대한 논의 2 선비를 시험하는 정책	과거론2(科擧論二) 시사책(試士策)
7	북학에 대한 논변의 세 가지 원칙	북학변(北學辨) 삼칙(三則)
8	관직에 대한 논의 봉급에 대한 논의	관론(官論) 녹제(祿制)
9	나라의 재물을 늘리는 방법	재부론(財賦論)
10	강남 절강 상선과 통상하는 문제에 대한 논의	통강남절강상박의(通江南浙江商舶議)
11	군대 제도에 대한 논의	병론(兵論)
12	장례 제도에 대한 논의	장론(葬論)
13	중국을 존대하는 문제에 대한 논의	존주론(尊周論)

진소본북학의(進疏本北學議)		
1	북학의를 임금께 올리면서	응지진북학의소(應旨進北學議疏)
2	수레에 대한 아홉 가지 원칙	거(車) 구칙(九則)
3	밭	전(田)
4	거름에 대한 다섯 가지 원칙	분(糞) 오칙(五則)
5	뽕	상(桑)
6	농기구에 대한 여섯 가지 원칙	농기(農器) 육칙(六則)
7	쇠	철(鐵)
8	볍씨	도종(稻種)
9	곡식의 이름	곡명(穀名)
10	땅의 이용에 대한 두 가지 원칙	지리(地利) 이칙(二則)
11	논	수전(水田)
12	물의 이용	수리(水利)
13	늙은 농부	노농(老農)
14	밭을 구획하여 작물을 재배하는 방법	구전(區田)
15	모내기	주앙(注秧)
16	고구마 심기	종저(種藷)
17	말단(상업)의 이익	말리(末利)
18	유생의 도태	태유(汰儒)
19	둔전의 비용	둔전지비(屯田之費)
20	하천의 준설에 대한 두 가지 원칙	준하(濬河) 이칙(二則)
21	창고 쌓기에 대한 세 가지 원칙	축창(築倉) 삼칙(三則)
22	배에 대한 세 가지 원칙 노하에서 배를 탄 기록	선(船) 삼칙(三則) 부노하운선기(附潞河運船記)
23	오행을 잃고 버렸다는 말의 뜻	오행골진지의(五行汨陳之義)
24	번지와 허행	번지허행(樊遲許行)
25	영생을 하늘에 기원하는 근본은 농사	기천영명본어력농(祈天永命本於力農)
26	농업과 잠업에 대한 총론	농잠총론(農蠶總論)
27	나라의 재물을 늘리는 방법	재부론(財賦論)
28	강남의 절강성 상선과 통상에 대한 논의와 두 가지 원칙	통강남절강상박의(通江南浙江商舶議) 이칙(二則)
29	중국을 존대하는 문제에 대한 논의	존주론(尊周論)

참조 : 《초정전서》 이우성 편, 서울아세아문화사, 1992

5. 《북학의》의 현대적 의의

박제가가 《북학의》를 집필할 무렵, 서양에서는 산업 혁명이 한창 진행되고 있었다. 이 무렵 박제가는 동남아 등지의 상인이나 사신들을 통해 서양 세력이 엄청난 기술과 군사력으로 중국을 비롯한 동양 세계로 접근하고 있다는 시대 상황을 어느 정도 파악하고 있었다. 그래서 개혁과 개방을 강력하게 주장한 이면에는 곧 닥쳐 올 국가의 위기를 예견하고 그에 대해 대비를 하고자 한 측면도 있었다. 그러나 당시의 조선 조정은 이런 시대의 흐름을 파악하기는커녕 공리공담이나 일삼는 낡은 풍조 속에서 소중화라는 자아도취에 빠져 제 역할을 방기한 채 백성들의 곤궁한 현실까지도 외면하고 있었다.

박지원을 비롯한 소수의 지식인들이 청을 방문해서 선진 문물을 직간접으로 경험하고, 이를 바탕으로 각종 기록을 남겨 사회의 개혁을 주장했지만 쇠귀에 경 읽기였다. 박제가는 개혁을 주장하는 선구자들 가운데 가장 적극적인 사람이었다. 그래서 《북학의》는 당시 지식인들의 여러 연행록 중에서도 독특한 면모를 지닌다. 감상보다는 문물에 대한 구체적인 서술에 집중하면서 조선에 필요한 중국 문물들을 분류하고 정리하는 한편 각종 제도나 기반 시설의 개혁을 밝혔다는 점에서 연행록이라기보다 경세서에 가까웠다. 판본으로 간행되지는 않았지만 서명응과 박지원이 서문을 써서 박제가의 식견과

저서의 내용을 칭찬한 것에서 알 수 있듯이, 이른바 북학파 내부에서도 높게 평가받았음을 짐작할 수 있다. 그리고 현존하는 여러 필사본을 미루어 볼 때 이 책이 박제가 당시와 그 이후 선구적인 지식인들 사이에서 널리 읽혔다는 점을 알 수 있다.

또한 홍대용의 《의산문답》과 박지원의 《허생전》처럼 우화의 형식을 통해 자신의 의견을 간접적으로 드러내지 않고, 박제가는 새로운 정책을 널리 구하려는 정조의 명령에 부응해서 자신의 견해를 과감하게 제시했다. 그래서 그는 대외적으로 청의 존재를 인정하고 청 문물의 수용을 주장했다는 이유로 보수적 지식인들의 공격을 받았다.

하지만 《북학의》에서 제시된 국내 상업 및 외국 무역의 장려, 교통수단의 개선과 도로 정비, 상거래의 확산, 은의 해외 유출 금지, 물가의 평준화, 대량 생산과 제품 규격의 통일, 전국적 시장 확대, 선진기술의 도입과 보존, 농·공·상업에 대한 국가적 후원의 강화 등에 대한 견해는 근대 유럽의 중상주의 경제 사상과 비슷한 것으로 높이 평가받고 있다. 《북학의》의 서문을 지은 서명응은 "바람이 불려고 하면 솔개가 먼저 울고 비가 내리려고 하면 개미가 먼저 둑을 쌓는다고 한다. 이 책이 채택되어 현실에서 쓰일 수 있을지 없을지는 정녕 알 수 없지만, 우리 조정에서 모범이 될 책을 편찬할 때에 저 솔개나 개미의 구실을 하지 말라는 법은 없다."라며 이 책에 대한 기대를 드러냈다. 그의 스승이자 동료였던 박지원도 서문을 통해 저자의 적극적인 북학 정신을 높이 평가했다.

《북학의》는 이후 '북학'이라는 학문의 이름을 탄생하게 만든, 선구적이고 시대를 이끌어 가는 사상으로 자리 잡는 기초가 되었다. 박제가 말고도 박지원·홍대용·이덕무 등 '북학'의 중요성을 강조하는 학자 그룹들은 든든한 지원자이기도 했다. 그들은 청나라 사행에서 보고 들은 것을 바탕으로 폐쇄적인 조선 사회의 문을 열어 이용후생을 통한 백성들의 생활 안정과 부국강병을 외쳤다. 이들의 사상 배경에는 당시 사농공상으로 서열화되어 있던 신분 질서를 해체해서 상공업을 진흥시키자는 생각이 자리하고 있었다.

한편 박제가는 지나치게 중국 문명을 찬양한 나머지 새로운 사상을 받아들이는 데 가장 선구적인 역할을 했음에도 불구하고 균형 감각을 규지하지 못했다는 평가를 받기도 한다. 중국에 대한 선망이 지나쳐 조선의 현실에 대한 불신을 지나치게 드러냈기 때문이다. 그는 "우리나라의 자기는 매우 거칠다.", "우리나라는 1천 호가 사는 고을에도 반듯하고 살 만한 집이 한 채도 없다.", "우리나라의 의술은 믿을 수 없다."는 등 대해 노골적으로 폄하했다. 심지어 "본래 사용하는 말을 버린 다음에야 오랑캐라는 모욕적인 글자로 불리는 신세를 면할 수 있다."면서 중국어를 사용하자고까지 주장해서 극단적인 중국 신봉자로 평가받기도 한다.

그러나 18세기에 조선과 청나라의 도시와 농촌의 생활 모습을 상세하게 비교하면서 중국의 발전된 문물에 감탄했다는 사실을 결코 간과해서는 안 된다. 박제가는 당시 너무 가난하고 고단한 조선 백성들의 생활수준을 바꿔 보려는 간절한 심정을 안고 있었을 것이다. 더구나 서자 출신으로 차별받으며 살아왔던 조선 사회의 폐쇄적인 모습과 지배층의 고집스러운 편견에 대단히 실망했을 것이다. 그래서 그는 지나치게 중국 문물을 높였던 것으로 보인다.

사실 중국의 개방된 사회 모습과 합리적인 사고를 지향하는 지식인들의 자세, 그리고 실질적인 것을 숭상하는 백성들의 생활을 보면서 진취적인 발전을 방해하는 조선 지배층의 고루함을 타파하고자 하는 것도 《북학의》의 저술 목적의 하나였을 것이다. 그러니 박제가의 주장이 조선을 비하하고 중국을 추앙하는 사대주의적 발상이 아니라, 중국과 조선의 솔직한 비교를 통해서 궁극적으로 부국을 이루고자 하는 염원에서 비롯된 것임을 알아야 한다.

오늘날 《북학의》는 우리에게 많은 것을 제시하고 있다. 아직도 우리 정치인들은 국민을 위하기보다는 당리당략에만 치우친 권력 다툼에 치우치고 있다. 또한 사회에는 아직도 보이지 않는 신분 차별이 존재하고 생활 속의 민주주의가 정착하지 못한 분야도 많다. 물론 주권재민의 시대이니만큼 국민 각자가 스스로 의무와 권리를 적절하게 요구하고 실천하는 것이 필요할 것이다. 그런 측면에서 박제가가 왜 그다지도 낡은 관습을 극복하고 사회 개혁을 이루려고 열망했는지를 반면교사로 삼아야 한다. 그리고 그것을 수용하지 못했던 당시의 시대적 한계를 지적하기에 앞서, 오늘날 우리는 우리 사회의 폐단을 눈 감고 넘어간 것은 아닌지 심각하게 생각해야 한다. 물론《북학의》에서 논한 내용을 현대 사회에 그대로 적용하기는 어렵다. 다만 여러 가지 사회 개혁 방안이나 국부 증대의 문제와 관련해서 오늘날 우리 자신에게 근본적인 질문을 던지고 그에 대한 해답을 모색하다 보면 바람직한 미래를 설계하는 좌표가 될 것이다.

박제가 연보

1750년(영조 26, 1세)	11월 5일 승지를 지낸 박평과 전주 이 씨 사이의 서자 외아들로 태어나다
1760년(영조 36, 11세)	아버지 박평이 별세하다.
1766년(영조 42, 17세)	이순신 장군의 5대손인 이관상의 서녀 덕수(德水) 이 씨와 결혼하다. 백동수의 매부이기도 한 이덕무를 만나다.
1768년(영조 44, 19세)	연암 박지원과 교유하다.
1770년(영조 46, 21세)	장인 이관상이 별세하다.
1773년(영조 49, 24세)	어머니가 별세하다.
1777년(정조 1, 28세)	정기 사은사의 수행원으로 유득공의 작은 아버지 유금이 선발되다. 유금은 이덕무·유득공·박제가·이서구 4인의 시집인 《한객건연집》을 청나라에 가지고 가서 청나라 명사들에게 보여 주고, 그들의 서평을 받아 오다. 정조의 즉위를 기념해서 실시한 증광시에 응시해 3등 53명 중 2등으로 합격하다.

1778년(정조 2, 29세)	정사 채제공의 종사 관으로 이덕무와 함께 처음으로 청나라 연경을 가다. 9월경 《북학의》를 저술하다.
1779년(정조 3, 30세)	정조는 규장각에 검서관이라는 관직을 마련하고 박제가와 함께 이덕무·유득공·서이수를 선발하다.
1780년(정조 4, 31세)	박지원이 건륭제의 70세를 축하하는 진하별사(進賀別使)의 수행원으로 연경에 가다. 귀국 후 《열하일기》를 쓰다.
1786년(정조 10, 37세)	정조에게 〈병오소회〉를 올리다. 시력이 나빠져 검서관을 사직하다.
1789년(정조 13, 40세)	검서관으로 복직하다.
1790년(정조 14, 41세)	백동수, 이덕무와 함께 《무예도보통지》를 간행하다. 청나라 건륭제의 팔순 축하 사신단의 일행으로 서호수·유득공·이희경 등과 두 번째로 연경에 가다. 9월 사행에서 돌아와서 10월 다시 세 번째로 연경에 가다. 둘째 딸을 윤가기의 아들 윤후진(尹厚鎭)에게 시집보내다.
1792년(정조 16, 43세)	부여 현감으로 부임하다. 부인 이 씨가 별세하다. 문체반정(文體反正) 사건이 발생하다. 정조가 박제가, 박지원, 이덕무 등 북학파들이 고문의 문체를 사용하지 않고 구어체의 저속한 문체를 사용했다는 것을 문제 삼다.
1793년(정조 17, 44세)	이덕무가 별세하다. 충청도 암행어사 이조원(李肇源)의 탄핵으로 파면되다.
1794년(정조 18, 45세)	오위장(五衛將)으로 발령되다.
1797년(정조 21, 48세)	영평 현감으로 부임하다.
1798년(정조 22, 49세)	정조가 전국에 구언령(求言令, 왕이 정치 현안을 해결하기 위

해 관료들에게 자신의 견해를 적어 올리라는 명령)을 내리자 《북학의》의 내용 중에서 농업 부분을 정리하여 〈응지진북학의소〉를 저술해서 올리다.

1799년(정조 23, 50세)	윤가기의 며느리인 둘째 딸이 사망하다.
1800년(정조 24, 51세)	6월 28일 정조가 49세의 나이로 승하하다.
1801년(순조 1, 52세)	네 번째로 연경을 다녀오다. 둘째 딸의 시아버지인 사돈 윤가기의 흉서 사건에 연루되어 두만강변 국경 지대인 종성으로 유배를 당하다.
1803년(순조 3, 54세)	2월 정순 왕후가 석방을 명령했으나 의금부에서 불응하여 석방되지 않다.
1804년(순조 4, 55세)	석방되지 않은 것이 정순 왕후의 귀에 들어가 의금부 당상관이 파면당하고 고향으로 돌아오다.
1805년(순조 5, 56세)	4월 25일 향년 56세로 사망하다. 경기도 광주 엄현(崦峴, 지금의 광주시 엄미리)의 선산에 묻히다.